汉画总录

1

米脂

GUANGXI NORMAL UNIVERSITY PRESS
广西师范大学出版社
·桂林·

The Getty Foundation

本项目研究得到盖蒂基金会的资助。
Research for this publication was supported by a grant from the Getty Foundation.

项目统筹　汤文辉　罗文波　李　琳
责任编辑　罗文波　李　琳　沈　明　刘广汉
装帧设计　李若静　陆润彪　刘　凛　黄　赟
责任技编　伍智辉

图书在版编目（CIP）数据

汉画总录. 1，米脂／康兰英，朱青生主编. —桂林：
广西师范大学出版社，2012.8（2023.3 重印）
　ISBN 978-7-5495-2747-2

　Ⅰ．汉… Ⅱ．①康…②朱… Ⅲ．①画像砖－史料－
研究－中国－汉代②画像砖－史料－研究－米脂县－汉代
Ⅳ．K879.444

　中国版本图书馆 CIP 数据核字（2012）第 249547 号

广西师范大学出版社出版发行

（广西桂林市五里店路 9 号　邮政编码：541004）

（网址：http://www.bbtpress.com）

出版人：黄轩庄

全国新华书店经销

广西广大印务有限责任公司印刷

（桂林市临桂区秧塘工业园西城大道北侧广西师范大学出版社集团

有限公司创意产业园内　邮政编码：541199）

开本：787 mm×1 092 mm　1/16

印张：15.5　字数：100 千字

2012 年 8 月第 1 版　　2023 年 3 月第 2 次印刷

定价：800.00 元

如发现印装质量问题，影响阅读，请与出版社发行部门联系调换。

序

文字记载，图画象形。人性之深奥、文化之丰富俱在文献形相之中；史实之印证、问题之追索无非依靠文字图形。[1] 汉画乃有汉一代形相与图画资料之总称。

汉代之前，有各种物质文化遗迹与形相资料传世。但是同时代文献相对缺乏，虽可精观细察，恢复格局，重组现象，拾取位置、结构和图像信息，然而毕竟在紧要处，但凭推测，难于确证。汉代之后，也有各种物质文化遗迹与形相资料传世，但是汉代之前问题不先行获得解释，后代的讨论前提和基础就愈加含糊。尤其渊源不清，则学难究竟。汉代的文献传世较前代为多，近年汉代出土文献日增，虽不足以巨细问题尽然解决，但是与汉代之前相比，判若文献"可征"与"不可征"之别。所以，汉画作为中国形相资料的特殊阶段，据此观察可印之陈述，格局能佐之学理，现象会证之说明；位置靠史实印证，结构倚疏解诠释。因图像信息与文字信息的双重存在，将使汉画成为建立中国图像志，用形相学的方法透入历史、文化和人性的一个独特门类。此汉画作为中国文化研究关键理由之一。

两汉之世事人情、典章制度可以用文字表达者俱可在经史子集、竹帛简牍中钩沉索隐，而信仰气度、日常生活不能和不被文字记述者，当在形相资料中考察。形者，形体图像；相者，结构现象。事隔两千年形成古今感受之间的千仞高墙，得汉画其门似可以过入。而中国文明的基业，多始于汉代对前代的总结、集成而制定规范；即使所谓表率万世之儒术，亦为汉儒所解释而使之然。诸子学说亦出汉时学人抄传选择，隐显之功过多在汉人。而道德文章、制度义化之有形迹可以直接回溯者，更是在汉代确立圭臬，千秋传承，大同小异，直至中国现代化来临。往日的学术以文字文献为主，自从进入图像传播时代，摄影、电视造成了人类看待事物的新方法，养成了直接面对图像的解读能力。于是反观历史，对于形相资料的重视与日俱增。因此，由于汉代奠定汉族为主

---

[1] 对于古史，有所谓四重证据法：传世文献+出土文献+出土文物+依地形、位置和建筑建构遗存复原的文化环境设想。但任何史实，多少都有余绪流传至今，则可通过现今活态遗存，以今证古，这是西方人类学、文化地理学中使用的方法。例如，可从近日的墓葬石工技艺中考溯汉代制作；再如，今日非物质文化遗产中的祭祀庆典仪式，其中可能有此地同族举行同类型活动的延承，正所谓"礼失而求诸野"。所以，对于某些历史对象，可以采用"六重证据法"：传世文献+出土文献+出土文物+复原的文化环境设想+现今活态遗存+试验考古（即用当时的工具、材料、技术、观念重新试验完成一遍古代特定的任务）。对问题的追索无非依靠文字和形相两种性质的材料，故略称"文字图形"。

体的文明而重视汉代，由于读图观相的时代到来而重视图画，此汉画之为中国文化研究关键理由之二。

"汉画"沿用习称。《汉画总录》关注的汉画包括画像石、画像砖、帛画、壁画、器物纹样和重要器物、雕刻、建筑（宗教世俗场所和陵墓）。所以，与《汉画总录》互为表里的国家图像数据库[2]则称之为"汉代形像资料"，是为学术名称。

汉画研究根基在资料整理。图像资料的整理要达到"齐全"方能成为汉画学的基础。所谓齐全，并非奢望汉代遗迹能够完整留存至今，而是将现存遗址残迹，首先确定编号，梳理集中，配上索引，让任何一位学者或观众，有心则可由之而通览汉代的形相资料总体，了解究竟有多少汉代图形存世。能齐观整体概况，则为齐也。如果进一步追索文化、历史和人性的问题，则可利用这个系统，有条理、有次序地进入浩瀚的形相数据，横征纵析，采用计算机详细精密的记录手段和索引技术，获取现有的全部图像材料。与我们陆续提供给学界的"汉代古文献全文数据库"和"中文、西文、日文研究文献数据库"互为参究，就能协助任何课题，在一个整体学科层面上开展，减少重复，杜绝抄袭，推动研究，解决问题。能把握学科动态则为全也。《汉画总录》是与国家图像数据库相辅相成的一个长期文化工程，是依赖全体汉画学者努力方能成就的共同事业。一事功成，全体受益。如果《汉画总录》及其索引系统建成完整、细致、方便的资料系统，汉画学的推进，可望会有飞跃。对其他学科亦不无帮助。

汉画编目和《汉画总录》的编辑是烦琐而细致的工作。其平常在枯燥艰苦的境况中日以继夜。此事几无利益，少有名声，唯一可以告慰的是我们正用耐心的劳动，抹去时间的风尘，使中国文明之光的一段承载——汉画，进入现代学术的学理系统中，信息充溢，条理清楚，惠及学界。况且汉画虽是古代文化资料，毕竟养成和包蕴汉唐雄风；而将雄风之遗在当今呈现，是对中国文明的贡献，也是为人类不同文明之间更为深刻的互相理解和世界在现代化中的发展提示参照。

人生有一事如此可为，夫复何求？

编　者
2006 年 7 月 25 日

---

[2] 2005年文化部将中国汉代图像信息综合调查与数据库项目纳入"国家数据库专项"系统。

编辑体例

《汉画总录》包括编号、图片、图片说明、图像数据、文献目录、索引六部分内容。

1. 编号

为了研究和整理的需要，将现有传世汉画材料统一编号。编号工作归属于一个国家项目协调（《中国汉代图像信息综合调查与数据库》为国家艺术科学"十五"规划项目）。方法是以省、区编号（如陕西 SSX，山西 SX）加市、县，或地区编号（如米脂 MZ）再加序列号（三位），同一汉画组合中的部件在序列号之后加横杠，再加序列号（两位）。比如米脂党家沟左门柱，标示为 SSX-MZ-005-01（说明：陕西—米脂—党家沟画像石墓—左门柱）。编号最终只有技术性排序，即首先根据"地点"的拼音缩写的字母排列顺序，在同一地点的根据工作序列号的顺序排序。

地点是以出土地为第一选择，不在原地但仍然有确切信息断定其出土地的，归到出土地编号，并在图片说明中标示其收藏地和版权所有者。如果只能断定其出土地大区（省、区），则在小区（市、县、地区）部分用"××"表示。比如美国密西根大学博物馆藏的出自山东某地，标示为 SD-××-001。如果完全不能断定其出土地点，则以收藏地点缩写编号。

编号完成之后，索引、通检和引证将大为方便。论及某一个形象或画面，只要标注某编号，不仅简明统一，而且可以在《汉画总录》和与此相表里的国家图像数据库（文化部将中国汉代图像信息综合调查与数据库项目纳入"国家数据库专项"系统）中根据检索方法立即找到其照片、拓片、线图、相关图像和墓葬的全部信息，以及关于这个对象尽可能全面的全部研究成果，甚至将来还可以检索到古文献和出土文献的相关信息，以及同一类型图像或近似图像的公布、保存和研究情况。

2. 图片

记录汉代画像石、画像砖的图片采取拓片、照片和线图相比照的方式处理。[1] 传统著录汉画的方式是拓片，拓片的特点是原尺寸拓印。同时，拓片制作时存在对图像的取舍和捶拓手工轻重粗精之别，而成为独立于原石的艺术品。拓片不能完整记录墓葬中画像砖石的相互衔接和位置关系，以及墓葬内的建筑信息，无法记录画像石上的墨线和色彩，对于非平面的、凸凹起伏的浮雕类画

---

[1] 由于在《汉画总录》的编辑方针中，将线描用于对图像的解释和补充，线描制作者的观点和认识会有助于读者理解，但也形成了一定的误导和局限，因此在无必要时，将逐步减少线描的数量，而把这个工作留待读者在研究时自行完成。

像砖石，也不能有效地记录其立体造型。不同拓片制作者以及每次制得的拓片都会有差异。使用拓片一个有意无意的后果是拓片代替原石成为研究的起点，影响了对画像石的感受和认知。拓片便利了研究的同时也限制了研究。只是有些画像砖石原件已失，仅存拓片，或者原石残损严重，记录画像砖石的拓片则为一种必要的方法。

照片对画像砖石的记录可以反映原件的质地和刻划方法、浮雕的凸凹起伏，能够记录砖石上的墨线和色彩，是高质量的图像记录中不可缺失的环节。线图可以着重、清晰地描绘物像的造型和轮廓，同时作为一种阐释的方法，可以展示、考察、记录研究者对图像的辨识和推证。采取线图、照片、拓片相结合的途径记录画像砖石，可相互取长补短，较为完备。

帛画、壁画和器物纹样一般采用照片和线图。

其他立体图像采用照片、三维计算机图形、平面图和各种推测性的复原图及局部线图。组合图与其他图表的使用，在多部组合关系明确的情况下，一般会给出组合图加以标明，用线描图呈现；在多部组合而关系不明确的情况下则或缺存疑。其他测绘图、剖面图、平面图以及相关列表等均根据需要，随著录列出，视为一种图解性质的"说明"。[2]

3. 图片说明

图片说明分为两个部分。其一是关于图片的基本信息，归入"4. 图像数据"中说明；其二是对于图像内容的描述。描述古代图像时，基于古今处在不同的观念体系中的这一个基本前提，采取不同方式判定图像。

3.1 尝试还原到当时的概念中给予解释[3]，在此方向下通常有两种途径。

3.1.1 检索古代文献中与图像对应的记载或描述，作出判定。但现存的问题，一是并非所有图像都能在文献中找到相应的记载或解释，即缺乏完备性；二是这种对应关系是人为赋予的，文献

---

[2] 根据编辑需要，在材料和技术允许的情况下，会给出部分组合关系图。由于编辑过程受到各种条件的限制，尽其努力也无法解决全卷缺少部分原图、拓片、线图的情况，或者极个别原石尺寸不齐的情况，目前保持阙如，待今后在补遗卷中争取弥补。

[3] 任何方式中我们都不可能完全脱离今人的认识结构这一立足点，不可能清除解释过程中"我"的存在，难以避免以今人的观念结构去驾驭古代的概念。完全回到当时当地观念中去只是设想。解释策略决定了解释结果。在第一种方式中，我们的目的不是把自己置换到古人的处境中去体验，而是去认识古人所用概念及其间结构关系。

与图像并不存在必然的联系，且不同研究者可能做出不同的判断 [4]；三是现存文献只是当时多种版本的一种，民间工匠制作画像石所依据的口述或文字版本未必与经过梳理的传世文献（多为正史、官方记录和知识分子的叙述）相符。

3.1.2 依据出土壁画上的题记、画像砖石上的榜题、器物上的铭文等出土文字材料，对相应图像做出判定，这种方式切近实况，能反映当时当地的用语，但是能找到对应题记的图像只占图像总体的一小部分。

3.2 在缺失文献的情况下，重构一种图像描述的方式——尽量类型化并具有明晰的公认性。如大量出现的独角兽，在尚不确定称其为"兕"还是"獬豸"时，便暂描述为独角兽，尽管现存汉代文献中可能无"独角兽"一词。同时，图像描述采取结构性方式，即先不做局部意义指定，而是在形状—形象—图画—幅面—建筑结构—地下地上关系—墓葬与生宅的关系—存世遗迹和佚失部分（黑箱）之间的关系等关系结构中，判定图像的性质或意义。尽管没有文字信息，图像在画面和墓葬中的位置和形相关系提供了考察其意义和功能的线索。

在实际图片说明中，上述两种方式往往并用。对图像的描述是在意识到这些问题的情况下展开的，部分指谓和用语延承了以往的研究，部分使用了新词，但都不代表对图像含义的最终判定，而只是一种描述。

4. 图像数据

图片的基本信息（诸如编号、尺寸、质地、时代、出土地、收藏单位等）实际上是图像数据库的一个简明提示。收入的汉画相关信息通过数据库的方式著录，其中包括画像石编号、拓片号、原石照片编号、原石尺寸 [5]、画面尺寸、画面简述、时代、出土时间、征集时间、出土地 [6]、收藏单位、原收藏号、原石状况（现状）、所属墓葬编号 [7]、组合关系、著录与文献等项。文字、质地、色

---

[4] 关于此前题材判定和分类的方法和问题，参见盛磊《四川汉代画像题材类型问题研究》，硕士学位论文，北京大学，2002年。

[5] 原石尺寸的单位均为厘米，书中不再标识。

[6] 出土与征集的区分以是否经过科学发掘为界，凡经正式发掘（无论考古报告发表与否）均记为出土，凡非正式发掘（即使有明确出土地点和位置）均记为征集。

[7] 所属墓葬因发掘批次和年代各异，故记为发掘时间加当时墓葬编号，如1981M3表示党家沟1981年发掘的第3号墓葬。

彩、制作者、订件人、所在位置、相关器物、鉴定意见、发现人中有可著录者，均在备注项中列出。画像石墓表包括墓葬所在地、时代、墓葬所处地理环境、封土情况、发现和清理发掘时间、墓向、墓葬形制、随葬器物、棺椁尸骨、画像石装置，发现人、发掘主持人也在备注项中注出。建立数据库的目的和价值在于对数据库中的所有记录进行检索、比较、统计、分析，以期达到研究的完备性和规范性。[8]

5. 文献目录

　　文献目录列出一个区域（指对汉画集中地区的归纳，如陕北、南阳、徐州、四川等，多根据汉画研究的分区，而非严格的行政区划）有关汉画内容的古文献、研究论著和论文索引，并附内容提要。在每件汉画著录中列专项注出其相关研究文献。

6. 索引

　　按主题词和关键词建立索引项，待全部工作结束之后，做成总索引。因为《汉画总录》的分卷编辑虽然是按现在保管地区为单位齐头并进，但各种图像材料基本按出土地点各归其所，所以地名部分不出分卷索引，只在总索引中另行编排。

朱青生

北京大学历史学系艺术史教研室

北京大学汉画研究所

2006 年 7 月 31 日

---

[8] 对于存在大量样本和繁杂信息的研究对象，数据库的应用是有效的。在考古类型学中，传统的制表耗费时力，且不便记忆和阅读，细碎的分类常有割裂有机整体之弊。《汉画总录》的设想是：（1）无论已有公论还是存疑的图像，一律不沿用旧有的命名及在此基础上的分类，而按一致的规范和方法记录；（2）扩大图像信息的范畴，全面记录相关要素，包括出土状况（发掘/清理/收集）、发现人、出土时间、出土地点及其所属古代区划、画像材质、尺寸、所属墓葬形制、画像位置、随葬器及其位置、画像保存状况、铭文、已有断代、画像资料出处、相关图片、相关研究、收藏地等。图像则记录单位图像的位置及其间的组合情况；（3）利用数据库，按不同线索和层次对图像信息进行查询、检索，根据统计结果作出判断。

目 录

前　言

目前全国画像石的分布区域，大致划定了四个大区，陕北为其一。按照今天的行政区划，陕北应包括延安、榆林两个地区。早在 20 世纪 20 年代发现郭季妃夫妇合葬墓画像石以来，榆林地区所辖的十二个县中，绥德、米脂、神木、榆阳区、靖边、横山、子洲、清涧、吴堡等地不断发现画像石，截至目前，数量已逾 1200 块。北部相邻的内蒙古地区壁画墓的发现和少量的画像石出土，说明画像石的流行地域已经北至内蒙古包头一带。[1] 东南部隔黄河相望的山西省晋西北离石地区大量和陕北画像石风格相一致的画像石的发现，均打破了今天关于"陕北"的行政区划。而南部与榆林毗连区划属于"陕北"的延安地区却至今未见有汉代画像石出土的报道。

汉代的上郡、西河、朔方等郡同属并州。上郡辖地极广，东部已过黄河，西部至梁山山脉，北部跨越圜水直至无定河流域，南部尽桥山包括了延安地区的部分地域。西河郡本魏地，战国末并入秦。大致范围在今内蒙古伊克昭盟、榆林市、晋西北地区。顺帝永和五年（公元 140 年）汉王朝迫于匈奴的军事威胁，将西河郡治所由内蒙古的平定迁至今山西省离石县。今陕北榆林地区和山西省吕梁地区、内蒙古中南部部分地区分别是上郡和西河郡的辖地，画像石就出在汉代上郡和西河郡的辖地范围内。因此，目前，不论从汉代郡县的格局和范围，还是从今天的行政区划来看，加上画像石出土情况的佐证，"陕北画像石"这一习惯性称谓显然不准确，以行政区划分别称之"榆林地区画像石"、"晋西北画像石"、"伊克昭盟画像石"较为合适。

榆林地区画像石墓主要分布在盛产石板的汉代郡县设置地的周围，即今无定河流域的绥德、米脂、子洲、清涧、吴堡县，突尾河流域的神木县，位于长城沿线，又在无定河流域的榆阳区、横山、靖边三县均有发现。神木县大保当、乔岔滩，榆阳区麻黄梁、红石桥的画像石出土地，已跨越长城以外。画像石中狩猎题材的画面，头戴胡帽、身着异服、脚蹬筒靴的牵驼人，舞者，技击者形象，墓葬中以狗、羊、鹿杀殉的习俗，残留的随葬器物铜马具、带扣等，明显具有匈奴文化特征；肩部篆刻"羌"字的陶罐，明显反映了羌人的遗风。这些实物资料对于研究古代北方多民族聚居的大概情形弥足珍贵。

秦汉时期，上郡、西河郡均为边郡之地，屯兵必多，加上移民实边的人数增加，促进了这一带的农牧业、手工业和商业的大发展，随之产生了众多大地主、大牧主、经商富户，还有那些戍边的将士，他们或者富甲一方，或者权势赫赫，在盛产石板的上郡、西河郡的辖地范围内，众多权势之流、富豪之辈，争相效仿，营造规格相对较高的画像石墓的群体逐渐形成，用画像石装饰

---

[1]　《包头发现汉代彩绘画像石墓》，载《美术观察》2008年第11期，34页。

墓室的葬俗便风行起来。绥德县黄家塔、四十里铺、延家岔，米脂县官庄，神木县大保当均有大的画像石墓葬群遗存。从铭刻文字的纪年石看，黄家塔、官庄同一墓地近距离内出土的多块铭刻王姓、牛姓的铭文，可证明是王氏、牛氏家族墓地。依据墓葬的排列形式、布局、墓室内的遗存，结合铭刻的文字内容，对于研究家族墓地形成的时代以及家族辈分之间的承袭关系都是不可多得的实物佐证。

汉代上郡、西河郡一带一定有些享誉一时的能工巧匠，绥德黄家塔辽东太守墓出土的画像石上铭刻的"巧工王子、王成"就是其中的代表。神木大保当、绥德郝家沟、榆阳区麻黄梁出土的画像石上，形制规格完全相同的长方形印记，是否就是当时某个活跃在从神木到绥德数百里地域内的知名匠师或石工作坊的标识，也是我们探索诸如区域性艺术和不同工匠的技术水平、传统特色的实物依据。

榆林地区画像石产生、盛行的时代背景（包括政治、经济、文化、观念和习俗），与其他地区画像石的源流关系、地域性差异，制作画像石的匠师、石工的组合及流派，使用格套模本的制作习惯、地域习惯和流行风气等因素所起的作用，同一题材的单元在画像石中的应用、同一题材的画像石在墓室设放的位置，特定区域不同时期的画像题材、技法和风格变化，等等，都是有待进一步追索的课题。

《汉画总录》1—10卷采用数据库方式著录目前所能收集到的画像石的原石照、拓片和线描图，编辑时不对所见材料做任何刻意诠释，而是作为对榆林地区画像石进行整体性观察和研究的较为全面的基础样本。

《汉画总录》编辑部

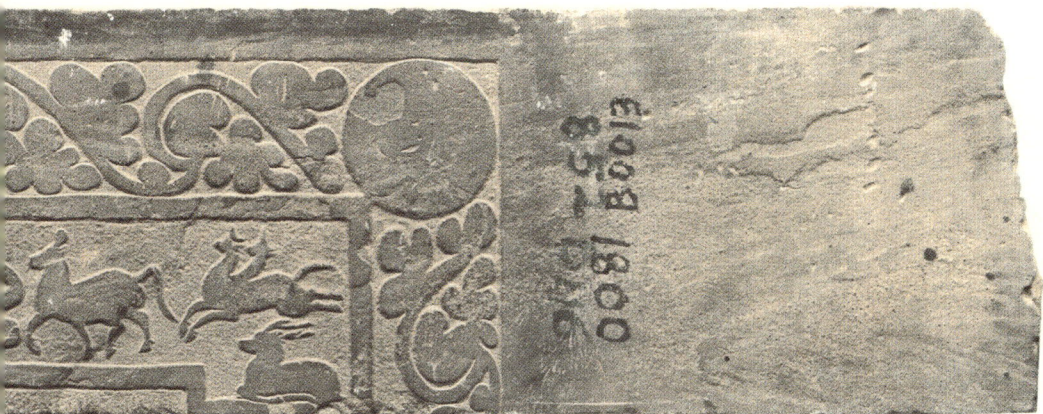

编号	SSX-MZ-001
时代	东汉
原收藏号	0081 B0013
出土地	米脂县城关南寺渠
原石尺寸	208×38×7
画面尺寸	148×33
质地	砂岩
原石情况	背面半整，上侧面凿斜条纹。下侧面凿刻规整的人字纹。左侧面靠正面2.8厘米处凿刻斜条纹，靠背面呈毛石状。右侧面毛石状。
所属墓群	
组合关系	门楣石，与左、右门柱，左、右门扉为墓门面五石组合。
画面简述	画面分为内、外两栏。外栏为卷云纹。左、右两端各阳刻一圆形，象征日、月。内栏为灵禽瑞兽图。从左到右有：盘角羊、长颈鸟、羽人献瑞草、仙兔捣药、二神鸟（两种类型或同种类型雌雄之别）、瑞草、双角翼龙、独角有翼犀牛形兽、麒麟、比肩兽、雄鹿卧伏。
著录与文献	未发表
出土/征集时间	
收藏地	米脂县博物馆

SSX-MZ-001（局部）

编号	SSX-MZ-002
时代	东汉
原收藏号	0922 B0128
出土地	米脂县城关东街创业室地下
原石尺寸	107×49×5
画面尺寸	91×32
质地	砂岩
原石情况	背面平整，有薄岩层剥掉。上侧面平整，凿刻人字纹。下侧面平整，有稀疏的粗凿纹。左、右侧面平整，有不规则、不匀称的凿纹。无门枢，有门闩孔。
所属墓群	
组合关系	右门扉，与门楣石、左、右门柱、左门扉为墓门面五石组合。
画面简述	朱雀、铺首穿环、独角兽。铺首的两耳／角左右平伸，额部突起呈桃形，颌下有八字形胡须。眼、眉、鼻用阴线刻出。口腔内阴刻。
著录与文献	未发表
出土/征集时间	
收藏地	米脂县博物馆

米脂县党家沟墓门面五石组合
SSX-MZ-003-01—SSX-MZ-003-05

编号	SSX-MZ-003-01
时代	东汉
原收藏号	0088 B0003-1
出土点	米脂县党家沟
原石尺寸	179×45×5
画面尺寸	146×26
质地	砂岩
原石情况	
所属墓群	
组合关系	门楣石，与左、右门柱，左、右门扉，为墓门面五石组合。
画面简述	画面分内、外两栏。外栏为卷云鸟兽纹。卷云间填刻羽人、独角鹿形兽、一羽人伸臂蹬腿，手臂伸向前方爬行的猿、一猿爬行、二鹿、独角长尾兽、凤鸟、朱雀、立鸟、独角犀牛形兽、虎、麒麟、羽人。内栏为楼阁、骑射图。画面正中是一座二层楼阁。楼外左有九尾狐，右有玉兔捣药。玉兔身后有一株高大的几乎与楼齐高的瑞草。一层屋顶左有蟾蜍攀爬，右有一鸟飞翔。楼阁内一层一株瑞草两边各坐一个背生双翼的人。从发式判断左为女性，右戴进贤冠者为男性。疑为企盼羽化升仙的墓主夫妇。楼阁左、右两边均为骑猎图。左：一猎手呈弓箭步蹲于地上，张弓瞄射。另一猎手骑在奔驰的马背上，反身朝后，瞄射奔跑的野牛。画面补白了柿蒂纹和飞鸟。右：一仙人骑一双角龙首兽反身张弓瞄准雄鹿欲射。和雄鹿惊逃的还有雌鹿、兔。
著录与文献	李林、康兰英、赵力光：《陕北汉代画像石》，西安：陕西人民出版社，1995年，图78。汤池：《中国画像石全集5：陕西、山西汉画像石》，济南：山东美术出版社，2000年，图46。
出土/征集时间	1981年征集
收藏地	米脂县博物馆

SSX-MZ-003-01（局部）

编号	SSX-MZ-003-02
时代	东汉
原收藏号	0088 B0003-2
出土地	米脂县党家沟
原石尺寸	117×34×6
画面尺寸	104×24
质地	砂岩
原石情况	
所属墓群	
组合关系	左门柱，与门楣石，右门柱，左、右门扉为墓门面五石组合。
画面简述	画面分为上、下两格，上格分为内、外两栏。外栏为卷云鸟兽纹和门吏图。卷云鸟兽纹与门楣石外栏的卷云鸟兽纹连贯一体。卷云间立鸟、虎、瑞草。一门吏头戴平巾帻，身着长襦短袴，执殳面门而立。内栏上部牛首人身兽袍坐于神树之上，树干上一双角龙缠绕，树干间有虎、立鸟、瑞草。下部为单阙。底格为博山炉。炉盘内外各有一株瑞草。画面中人物，牛首，鸡首神的五官，衣纹衣褶，诸多动物的皮毛、斑纹均使用了阴线刻。
著录与文献	李林、康兰英、赵力光：《陕北汉代画像石》，西安：陕西人民出版社，1995年，图79；汤池：《中国画像石全集5：陕西、山西汉画像石》，济南：山东美术出版社，2000年，图50。
出土/征集时间	1981年征集
收藏地	米脂县博物馆
备注	左、右门柱内栏下格的单阙使用同一模板制作。

编号	SSX-MZ-003-03
时代	东汉
原收藏号	0088 B0003-3
出土地	米脂县党家沟
原石尺寸	117×34×6
画面尺寸	104×24
质地	砂岩
原石情况	
所属墓群	
组合关系	右门柱，与门楣石，左门柱，左、右门扉为墓门面五石组合。
画面简述	画面分为上、下两格。上格分内、外两栏。外栏为卷云鸟兽纹和门吏。上部卷云鸟兽纹与门楣石外栏的卷云鸟兽纹连贯一体。云气间有虎、鸟。下部一门吏头戴平巾帻，身着长襦大袴，双手执短柄彗面门而立。内栏上部仙山神树上坐鸡首人身神，身着宽袍，背生有翼。面前立一株瑞草。树干间有瑞草、鹿、飞鸟、立鸟。下部为单阙。下格为博山炉。炉盘内外各有一株瑞草。画面中人物，鸡首神的五官，衣纹衣褶，诸多动物的身上均使用了阴线刻。
著录与文献	李林、康兰英、赵力光：《陕北汉代画像石》，西安：陕西人民出版社，1995 年，图 82；汤池：《中国画像石全集 5：陕西、山西汉画像石》，济南：山东美术出版社，2000 年，图 49。
出土/征集时间	1981 年征集
收藏地	米脂县博物馆

编　号	SSX-MZ-003-04
时　代	东汉
原收藏号	0088 B0003-4
出土地	米脂县党家沟
原石尺寸	114×51×4
画面尺寸	102×41
质　地	砂岩
原石情况	
所属墓群	
组合关系	左门扉，与门楣石，左、右门柱，右门扉为墓门面五石组合。
画面简述	朱雀、铺首穿环、翼虎。铺首两耳／角平伸，额部突起呈桃形，它的耳、眉、眼、鼻皆用阴线刻出。朱雀的眼、尾羽、冠，虎的眼亦用阴线刻画。画面右下角补白一株瑞草。
著录与文献	李林、康兰英、赵力光：《陕北汉代画像石》，西安：陕西人民出版社，1995年，图80；汤池：《中国画像石全集5：陕西、山西汉画像石》，济南：山东美术出版社，2000年，图48。
出土/征集时间	1981年征集
收藏地	米脂县博物馆

编号	SSX-MZ-003-05
时代	东汉
原收藏号	0088 B0003-5
出土地	米脂县党家沟
原石尺寸	119×51×4
画面尺寸	102×42
质地	砂岩
原石情况	
所属墓群	
组合关系	右门扉，与门楣石、左、右门柱、左门扉为墓门面五石组合。
画面简述	朱雀、铺首穿环、翼龙。铺首两耳／角平伸，额部突起呈桃形，它的耳、眉、眼、鼻皆用阴线刻出，翼龙的眼睛亦阴线刻划。画面的左下角补白一株瑞草。
著录与文献	李林、康兰英、赵力光：《陕北汉代画像石》，西安：陕西人民出版社，1995 年，图 81；汤池：《中国画像石全集 5：陕西、山西汉画像石》，济南：山东美术出版社，2000 年，图 47。
出土/征集时间	1981 年征集
收藏地	米脂县博物馆
备注	左、右门扉除下面的龙、虎变化之外，其余画面使用同一模板制作。

编号	SSX-MZ-004-01
时代	东汉
原收藏号	0755 B0077
出土地	米脂县党家沟
原石尺寸	107×38×7
画面尺寸	93×31
质地	砂岩
原石情况	背面平整。上侧面欠平整,有斜条纹。
所属墓群	
组合关系	左门柱,与右门柱为墓门二石组合,在墓门。
画面简述	画面分为内、外两栏。外栏自上而下分三格。因石面剥蚀严重,画面漫漶不清。依稀可看出第一格一人站立。第二格一舞伎着袿衣作舞蹈状。第三格树下一马仁立,树干间有一猿和一羽人。内栏第一格石面剥蚀,图像无存。第二格二人穿宽袖拖地长裙长袖手站立,身后有一小孩穿披风站立。第三格为一雄鸡,两雌鸡。第四格为一形似博山炉的器皿和瑞草。
著录与文献	李林、康兰英、赵力光:《陕北汉代画像石》,西安:陕西人民出版社,1995 年,图 140。
出土/征集时间	1981 年征集
收藏地	米脂县博物馆

编号	SSX-MZ-004-02
时代	东汉
原收藏号	0757 B0079
出土地	米脂县党家沟
原石尺寸	108×38×6
画面尺寸	95×31
质地	砂岩
原石情况	背面平整。上侧面平整，有粗人字纹。
所属墓群	
组合关系	右门柱，与左门柱为墓门二石组合。
画面简述	画面分为内、外两栏，均自上而下分四格。两栏第一、第二格画面虽有栏分隔，但画面内容相互对应。第一格两戴冠着袍者相对而坐，会见对语。身后各一人着袍拥袖，恭敬侍立。第二格左一舞伎身着袿衣，挥袖而舞。身后一人踞坐于地，伴奏（观看？），右二人穿宽袖拖地长裙袖手站立，身后有一头梳双髻的小孩站立，似在观看。外栏第三格为翼龙和瑞草。内栏第三格为仙兔捣药、翼虎和瑞草。外栏第四格为树下立马，树枝头有二鸟。内栏第四格为博山炉形器皿，炉盘内有两株瑞草。
著录与文献	李林、康兰英、赵力光：《陕北汉代画像石》，西安：陕西人民出版社，1995年，图141。
出土/征集时间	1981年征集
收藏地	米脂县博物馆

编号	SSX-MZ-005-01
时代	东汉
原收藏号	0094 B0026
出土地	米脂县党家沟
原石尺寸	108×36×6
画面尺寸	82×26
质地	砂岩
原石情况	背面平整。上侧面平整，凿刻人字纹。
所属墓群	
组合关系	左门柱，与门楣石，右门柱，左、右门扉为墓门面五石组合。
画面简述	画面分为上、下两格，上格分为内、外两栏。外栏为卷云纹。内栏上部神树之上一仙人戴冠着袍，侧身坐于树顶，对面一羽人右手高高举起，似与仙人博弈。树干间一龙首伸出，一雄鹿站立。树下一门吏戴进贤冠，着官服，腰佩长剑，手捧牍（笏）面门而立。下格为玄武。
著录与文献	李林、康兰英、赵力光：《陕北汉代画像石》，西安：陕西人民出版社，1995 年，图 113。
出土/征集时间	1981 年征集
收藏地	米脂县博物馆

40

编号	SSX-MZ-005-02
时代	东汉
原收藏号	0084 B0016
出土地	米脂县党家沟
原石尺寸	108×40×7
画面尺寸	82×26
质地	砂岩
原石情况	背面平整。上侧面有粗斜条纹。
所属墓群	
组合关系	右门柱,与门楣石,左门柱,左、右门扉为墓门面五石组合。
画面简述	画面分为上、下两格,上格分为内、外两栏。外栏为卷云纹。内栏上部神树之上一仙人侧身坐于树顶,左、右有玉兔、羽人跪侍。树干间有鹿、狐、飞鸟。下部一门吏头戴平巾帻,身着长襦大袴,手执短柄彗,面门而立。下格为玄武。
著录与文献	李林、康兰英、赵力光:《陕北汉代画像石》,西安:陕西人民出版社,1995年,图116。
出土/征集时间	1981年征集
收藏地	米脂县博物馆

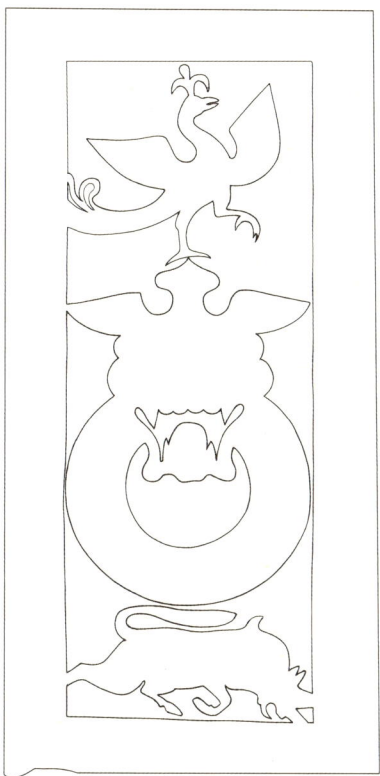

编号	SSX-MZ-005-03
时代	东汉
原收藏号	0929 B0135-1
出土地	米脂县党家沟
原石尺寸	118×52×5
画面尺寸	92×32
质地	砂岩
原石情况	
所属墓群	
组合关系	左门扉，与门楣石，左、右门柱，右门扉为墓门面五石组合。
画面简述	朱雀、铺首衔环、独角兽。
著录与文献	李林、康兰英、赵力光：《陕北汉代画像石》，西安：陕西人民出版社，1995 年，图 114。
出土/征集时间	1981 年征集
收藏地	米脂县博物馆

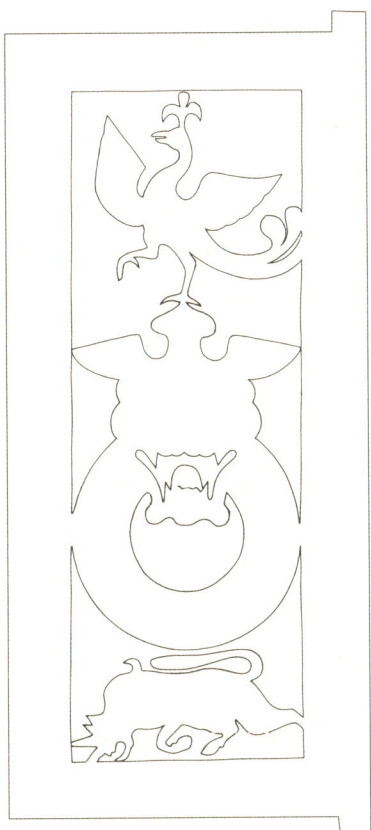

编号	SSX-MZ-005-04
时代	东汉
原收藏号	0929 B0135-2
出土地	米脂县党家沟
原石尺寸	118×51×5
画面尺寸	92×32
质地	砂岩
原石情况	
所属墓群	
组合关系	右门扉，与门楣石，左、右门柱，左门扉为墓门面五石组合。
画面简述	朱雀、穿环铺首、独角兽。
著录与文献	李林、康兰英、赵力光：《陕北汉代画像石》，西安：陕西人民出版社，1995年，图115。
出土/征集时间	1981年征集
收藏地	米脂县博物馆

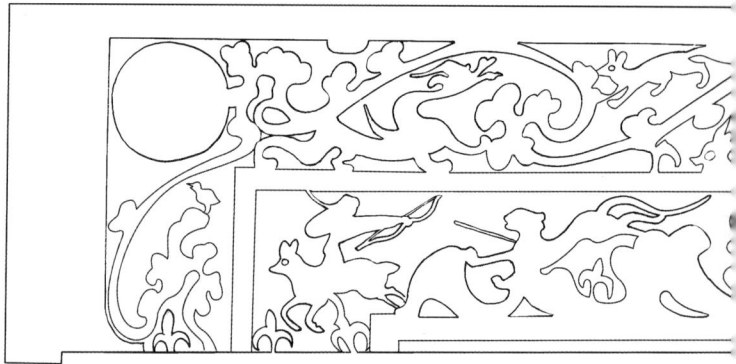

米脂县官庄 1971 年 M1 墓门面五石组合
SSX-MZ-006-01—SSX-MZ-006-05

编号	SSX-MZ-006-01
时代	东汉
原收藏号	
出土地	米脂县官庄
原石尺寸	174×38×8
画面尺寸	151×33
质地	砂岩
原石情况	门楣石正面打磨光滑平整；背面凹凸欠平整，部分剥蚀，有凿纹；上侧面呈毛石状；下侧面基本平整；左、右侧面平整，右侧面右下有7×7×2厘米突出的榫头。
所属墓群	1971年M1
组合关系	门楣石，与左、右门柱石，左、右门扉为墓门面五石组合。
画面简述	画面分为内、外两栏。外栏为卷云鸟兽纹。左、右两端各阳刻一圆形，象征日、月。卷云纹间填刻瑞草、独角翼龙、狐、独角兽首、立鸟、三角怪兽、飞鸟、两立鸟。内栏为人兽搏斗图。左一骑鹿（马？）猎手长发飘扬，反身拉弓，出弦之箭已射中迎面奔来的虎的脖颈。中间一猎手手执长矛，奋力刺向奔逃的野猪。右边的猎手拉满弓瞄射一独角鹿形兽。画面上山峦起伏，云气飘绕，其间还有瑞草生长，小动物出没。
著录与文献	陕西省博物馆、陕西省文管会写作小组：《米脂东汉画像石墓发掘简报》，载《文物》1972年第3期，276-280页；李林、康兰英、赵力光：《陕北汉代画像石》，西安：陕西人民出版社，1995年，图32。
出土/征集时间	1971年出土
收藏地	西安碑林博物馆

编号	SSX-MZ-006-02
时代	东汉
原收藏号	
出土地	米脂县官庄
原石尺寸	122×39×8
画面尺寸	72×28
质地	砂岩
原石情况	柱石正面打磨光滑平整；背面平整无凿痕；上侧面平整；下侧面呈毛石状；左侧面上段平整有凿纹，下段呈毛石状；右侧面平整有不规则凿纹。
所属墓群	1971 年 M1
组合关系	左门柱，与门楣石，右门柱，左、右门扉石为墓门面五石组合。
画面简述	画面分内、外两栏。外栏为卷云鸟兽纹，与门楣石外栏的卷云鸟兽纹衔接。卷云间填刻熊、飞鸟、羽人戏麒麟、长喙立鸟。右栏为鸡首有翼神坐于神树之上，树干间有鸟、鹿。下格一戴冠着袍服小吏。微躬身捧牍（笏）面门而立。
著录与文献	陕西省博物馆、陕西省文管会写作小组：《米脂东汉画像石墓发掘简报》，载《文物》1972 年第 3 期，276-280 页；李林、康兰英、赵力光：《陕北汉代画像石》，西安：陕西人民出版社，1995 年，图 33。
出土/征集时间	1971 年出土
收藏地	西安碑林博物馆

编号	SSX-MZ-006-03
时代	东汉
原收藏号	
出土地	米脂县官庄
原石尺寸	122×39×7
画面尺寸	72×28
质地	砂岩
原石情况	
所属墓群	1971 年 M1
组合关系	右门柱，与门楣石，左门柱，左、右门扉为墓门面五石组合。
画面简述	画面分内、外两栏。外栏为卷云鸟兽纹，与门楣石外栏的卷云鸟兽纹衔接。卷云间填刻龙首、立鸟、羽人持献瑞草、飞鸟。内栏上部为牛首有翼神坐于神树之上，树干间有立鸟、飞鸟、鹿。下部有一戴平巾帻、着长襦大袴的门吏，微躬身持椉戟面门而立。
著录与文献	陕西省博物馆，陕西省文管会写作小组：《米脂东汉画像石墓发掘简报》，载《文物》1972 年第 3 期，276-280 页；李林、康兰英、赵力光：《陕北汉代画像石》西安：陕西人民出版社，1995 年，图 34。
出土/征集时间	1971 年出土
收藏地	西安碑林博物馆

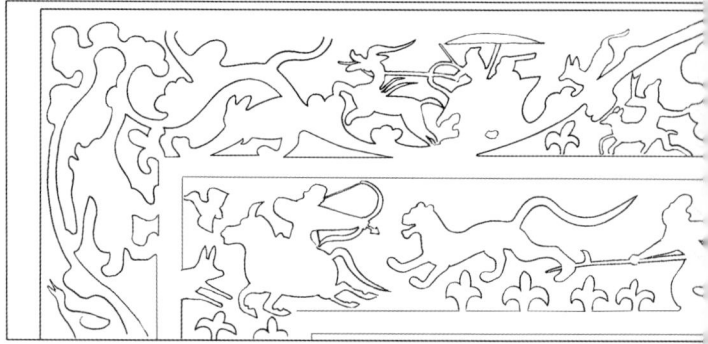

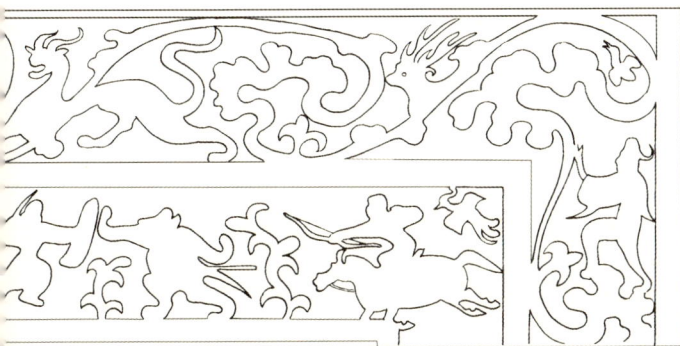

米脂县官庄 1971 年 M1 墓室三石组合
SSX-MZ-006-04—SSX-MZ-006-06

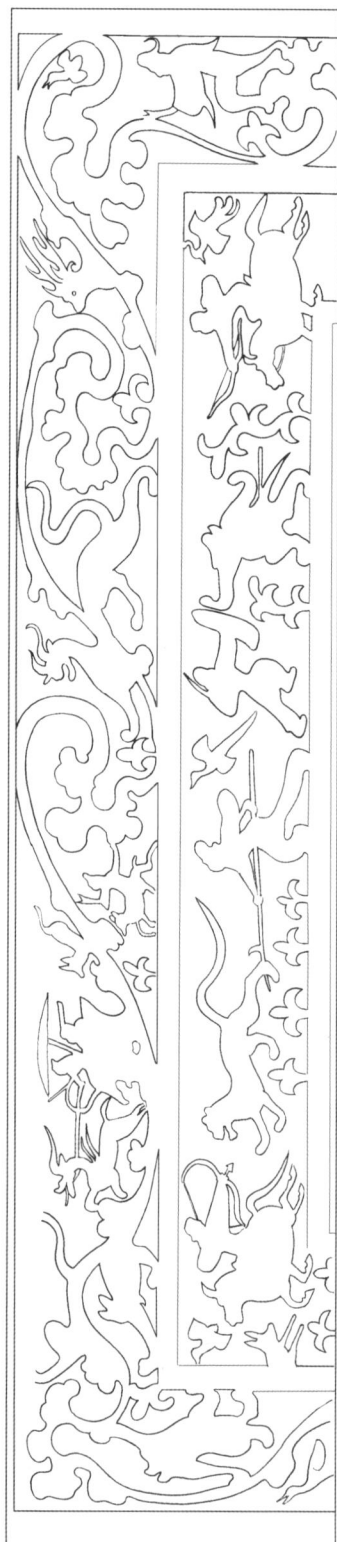

编号	SSX-MZ-006-04
时代	东汉
原收藏号	
出土地	米脂县官庄
原石尺寸	167×36×7
画面尺寸	152×33
质地	砂岩
原石情况	
所属墓群	1971年M1
组合关系	横楣石，与左、右柱石为墓室三石组合。
画面简述	画面分为内、外两栏。外栏为卷云鸟兽图。卷云间有立鸟、两熊、独角翼龙驾轺车，驭手一手挽缰一手执棒。乘坐者头顶高耸起，此为发式或亦冠式待考。二羽人骑鹿，双角龙、雄鹿，飞鸟，羽人。画面中补白端草。内栏为狩猎图。一猎手骑马张弓，反身朝后，对准一虎已拉满弓，箭即已离弦。一猎手持长予刺中虎腿。另一猎手拿盾牌抵挡前扑而来的熊的熊掌，另一手举剑欲刺。猎手骑马拉弓，明显看出前已离弦。画面中补白丁飞鸟、狐和端草。熊的尾部已被身后猎手射中。
著录与文献	陕西省博物馆、陕西省文管会写作小组：《米脂东汉画像石墓发掘简报》，载《文物》1972年第3期，276-280页；李林、康兰英、赵力光：《陕北汉代画像石》，西安：陕西人民出版社，1995年，图37。
出土/征集时间	1971年出土
收藏地	西安碑林博物馆

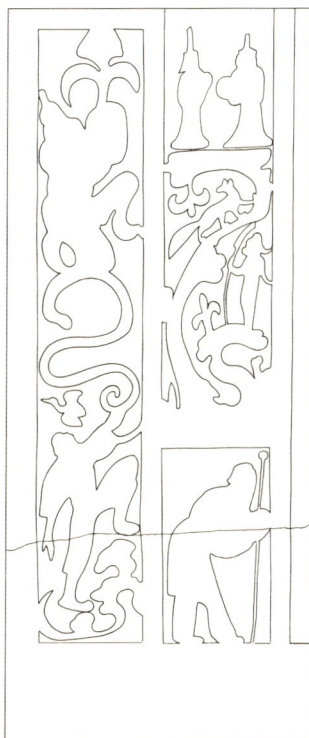

<table>

编号	SSX-MZ-006-05
时代	东汉
原收藏号	
出土地	米脂县官庄
原石尺寸	63×38×8
画面尺寸	58×28
质地	砂岩
原石情况	石正面凹凸欠平整；背面、上侧面平整；下侧面呈毛石状；左、右侧面较平整有凿纹。
所属墓群	1971 年 M1
组合关系	左门柱，与横楣石、右门柱为墓室三石组合。
画面简述	画面分内、外两栏。外栏为神怪捧瑞草图。一人首人身蛇尾神，手向上捧举瑞草。其下有一人手托蛇尾，脚踩云头。画面中补白瑞草、飞鸟。内栏分上、下两格。上格神树顶上两人对面站立，均戴通天冠，身着袍服，抱拳对揖。树干间有瑞草、狐、羽人执棨戟站立。下格一门吏，戴帻巾，着长襦大袴，双手执殳，深深弯腰，面门站立。
著录与文献	陕西省博物馆、陕西省文管会写作小组：《米脂东汉画像石墓发掘简报》，载《文物》1972 年第 3 期，276-280 页；李林、康兰英、赵力光：《陕北汉代画像石》，西安：陕西人民出版社，1995 年，图 38。
出土/征集时间	1971 年出土
收藏地	西安碑林博物馆

</table>

编号	SSX-MZ-006-06
时代	东汉
原收藏号	
出土地	米脂县官庄
原石尺寸	123×38×7
画面尺寸	73×28
质地	砂岩
原石情况	石正面凹凸欠平整，右下角残；背面、上侧面平整；下侧面呈毛石状；左、右侧面较平整，有凿纹。
所属墓群	1971年M1
组合关系	右门柱，与横楣石，左门柱为墓室三石组合。
画面简述	画面分内、外两栏。外栏上部为人首人身蛇尾神，手举瑞草，向上捧举。之下有一人脚踩云头，手托蛇尾。内栏分上、下两格。上格为神架上两着袍人站立对揖，冠式不明。树干间有玉兔捣药、瑞草、飞鸟、立鸟。下格一门吏，戴帻巾，着长襦大袴，执笈，深深弯腰，面门站立。
著录与文献	陕西省博物馆、陕西省文管会写作小组：《米脂东汉画像石墓发掘简报》，载《文物》1972年第3期，276-280页；李林、康兰英、赵力光：《陕北汉代画像石》，西安：陕西人民出版社，1995年，图39。
出土/征集时间	1971年出土
收藏地	西安碑林博物馆

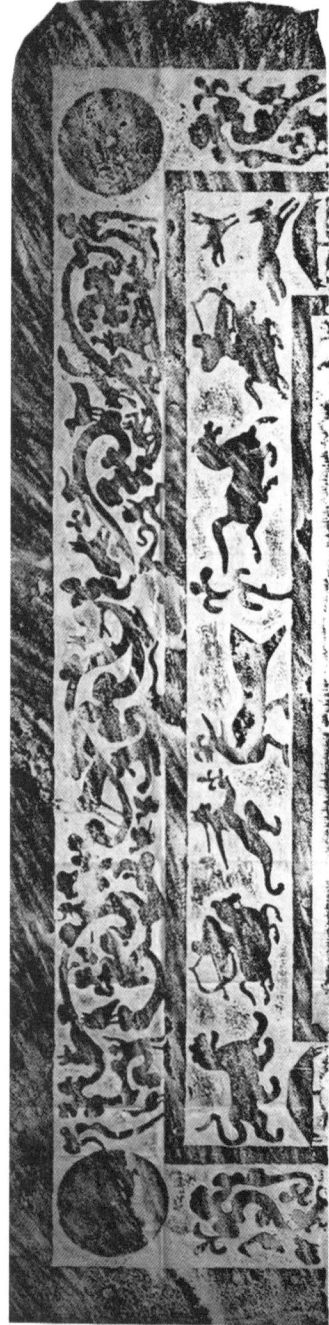

编号	SSX-MZ-006-07
时代	东汉
原收藏号	
出土地	米脂县官庄
原石尺寸	169×43×11
画面尺寸	149×35
质地	砂岩
原石情况	横楣石正面、背面均光滑平整；上、下侧面经加工平整；左、右侧面经过粗加工。
所属墓群	1971年 M1
组合关系	横楣石，与左、右门柱为墓西室耳室三石组合。
画面简述	画面分内、外两栏。外栏为卷云鸟兽纹。左、右两端各阴刻一圆形，象征日、月。卷云间填刻有翼兽，二立鸟，鹿，羽人，人面鸟，飞鸟，羽人搜怪兽尾，怪兽抓虎尾，三足鸟，玉兔捣药，狐，麒麟，有翼怪兽。这幅卷云鸟兽纹是陕北画像石中较多见的格套。内栏左一猎手反身朝后，张弓射虎。中间羽人面凤凰鸟持献端草。右一奔马之前，一猎手张弓追射仓皇奔逃的两条鹿。奔马之后是一株高大的瑞草。两端底侧各有一平顶华盖。与门柱上端的图案相连组合。
著录与文献	陕西省博物馆、陕西省文管会写作小组：《米脂东汉画像石墓发掘简报》，载《文物》1972年第3期，276—280页；李林、康兰英、赵力光：《陕北汉代画像石》，西安：陕西人民出版社，1995年，图40。
出土/征集时间	1971年出土
收藏地	西安碑林博物馆

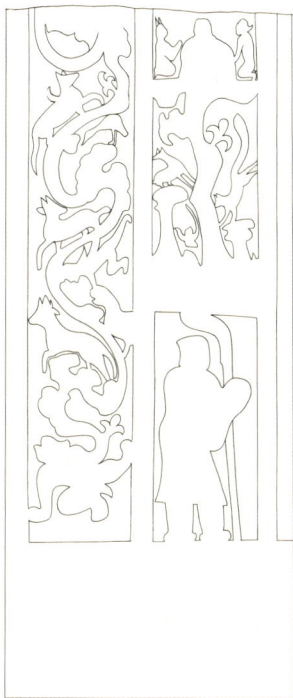

编号	SSX-MZ-006-08
时代	东汉
原收藏号	
出土地	米脂县官庄
原石尺寸	90×38×10
画面尺寸	67×28
质地	砂岩
原石情况	左、右门框石正面打磨光滑平整；上侧面平整；下侧面呈毛石状；内侧面上段凿竖条纹，下段凿人字纹；外侧面皆呈毛石状。
所属墓群	1971 年 M1
组合关系	左门柱，与横楣石、右门柱为墓西耳室三石组合。
画面简述	画面分内、外两栏。外栏为卷云鸟兽纹，与横楣石外栏的卷云鸟兽纹相衔接。内栏分上、下两格。上格为神仙(西王母？)端坐神树之上，左右有羽人和玉兔跪侍。树干间有瑞草、狐、鹿、长尾飞鸟。下格为一门卒戴帻，着长襦大袴，拥彗面门站立。仙人(西王母？)头顶的华盖刻于横楣石上，但与门柱上图像为组合。
著录与文献	陕西省博物馆、陕西省文管会写作小组：《米脂东汉画像石墓发掘简报》，载《文物》1972 年第 3 期，276-280 页；李林、康兰英、赵力光：《陕北汉代画像石》，西安：陕西人民出版社，1995 年，图 41。
出土/征集时间	1971 年出土
收藏地	西安碑林博物馆

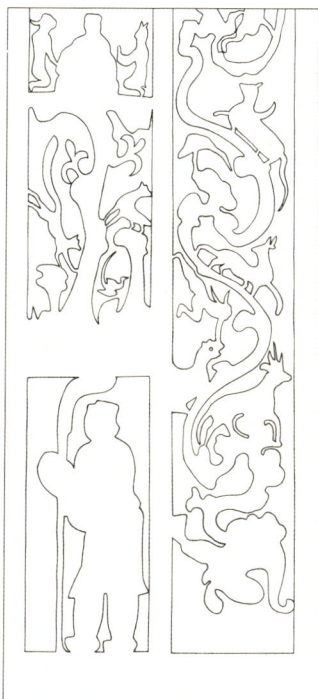

编号	SSX-MZ-006-09
时代	东汉
原收藏号	
出土地	米脂县官庄
原石尺寸	91×39×10
画面尺寸	67×28
质地	砂岩
原石情况	
所属墓群	1971 年 M1
组合关系	右门柱，与横楣石、左门柱为墓西耳室三石组合。
画面简述	画面分内、外两栏。外栏为卷云鸟兽纹。外栏卷云鸟兽纹与横楣石外栏的卷云鸟兽纹相衔接。内栏分上、下两格。上格为仙人（西王母？）端坐神树之上，左右有羽人和玉兔跪侍。树干间有瑞草、狐、鹿、长尾鸟。下格为一门卒，戴帻，着长襦大袴，拥彗面门站立。仙人（西王母？）头顶的华盖刻于横楣石上，但与门柱上的图像组合。
著录与文献	陕西省博物馆、陕西省文管会写作小组：《米脂东汉画像石墓发掘简报》，载《文物》1972 年第 3 期，276-280 页；李林、康兰英、赵力光：《陕北汉代画像石》，西安：陕西人民出版社，1995 年，图 42。
出土/征集时间	1971 年出土
收藏地	西安碑林博物馆
备注	左、右门柱的画面使用同一模板制作。

编号	SSX-MZ-007-01
时代	东汉
原收藏号	
出土地	米脂县官庄
原石尺寸	192×172；门楣石：158×28；门框：113×28
画面尺寸	
质地	砂岩
原石情况	
所属墓群	1971 年 M2
组合关系	门楣石与左、右门柱，与左、右门扉为墓门面三石组合。

画面简述　画面分内、外两栏和底格。外栏刻云气鸟兽纹。横楣石部分左、右两端各阳刻一圆形，象征日、月。各有一人首蛇尾神以手托日（或月），分别为伏羲、女娲。云气间填刻羽人、飞鸟、鹿形兽、独角兽、羽人射鹿、立鸟、前扑状猛兽、朱鸟、雄鹿、母鹿、鹿兽首、奔马、三角兽、狐形兽、熊。内栏从上到下分为四层。第一层（横楣石部分）为人兽搏斗图。从左至右为：一勇士发束高髻，跨弓箭步面对呼啸猛扑而来的长尾怪兽，左手执盾抵挡，右手持短剑伺机劈刺。另一勇士发束朝后，他的右腿膝盖被熊按着，左脚已被后面扑来的怪兽咬住，左臂肘被怪兽的长角抵着。当此危急之际，他还以右手拽住怪兽的尾梢，左手举大板斧欲砍。右有一猎手呈弓箭步，左腿已被身后扑来的独角牛形怪兽用前肢压住，怪兽张开大口，作欲吞噬状。猎手仍然张满弓，箭将出弦射向前面的怪兽。画面补白瑞草和飞鸟。第二层为左、右门柱的上部，神树之上各有一射手拉弓朝上方的飞鸟瞄射（后羿射日？）。第三层各有一女子，头梳垂髻髻，身着拖地长裙，侧身袖手面门站立。第四层左边刻翼虎，右边刻翼龙。底格左刻牛拉屏车。右刻辎车（轩车？）。在陕北画像石中，墓门面装配的门楣石，左、右门柱，左、右门扉都由五块石板组合而成，先分别刻绘，再衔接组合。这组画像石是陕北画像石中唯一使用整块石板包括门楣石和左、右门柱。它是将整块石板的中间 108×89 厘米的部分剔去，中间形成方框（画面没见到的门槛部分多半埋入地下），用以装置左、右门扉。

著录与文献　陕西省博物馆、陕西省文管会写作小组：《米脂东汉画像石墓发掘简报》，载《文物》1972 年第 3 期，276-280 页；李林、康兰英、赵力光：《陕北汉代画像石》，西安：陕西人民出版社，1995 年，图 43；汤池：《中国画像石全集 5：陕西、山西汉画像石》，济南：山东美术出版社，2000 年，图 41、42、43。

出土/征集时间	1971 年出土
收藏地	西安碑林博物馆

SSX-MZ-007-01（局部）

编号　　　　SSX-MZ-007-02

时代　　　　东汉

原收藏号

出土地　　　米脂县官庄

原石尺寸　　114×50

画面尺寸　　98×34

质地　　　　砂岩

原石情况

所属墓群　　1971 年 M2

组合关系　　左门扉，与门楣石，右门扉为墓门面三石组合。

画面简述　　朱雀、穿环铺首、独角兽。铺首的两角平伸，额部突起呈桃形。朱雀、獬豸的眼，铺首的眼、眉、鼻用阴线刻出，口腔阴刻。独角兽的尾部呈梳齿形。

著录与文献　陕西省博物馆、陕西省文管会写作小组：《米脂东汉画像石墓发掘简报》，载《文物》1972 年第 3 期，276-280 页；李林、康兰英、赵力光：《陕北汉代画像石》，西安：陕西人民出版社，1995 年，图 44。

出土/征集时间　1971 年出土

收藏地　　　西安碑林博物馆

编号	SSX-MZ-007-03
时代	东汉
原收藏号	
出土地	米脂县官庄
原石尺寸	114×50
画面尺寸	98×34
质地	砂岩
原石情况	
所属墓群	1971 年 M2
组合关系	右门扉，与门楣石，左门扉为墓门面三石组合。
画面简述	朱雀、穿环铺首、独角兽。铺首的两角平伸，额部突起呈桃形。朱雀、獬豸的眼，铺首的眼、眉、鼻用阴线刻出，口腔阴刻。独角兽的尾部呈梳齿形。
著录与文献	陕西省博物馆、陕西省文管会写作小组：《米脂东汉画像石墓发掘简报》，载《文物》1972 年第 3 期，276-280 页；李林、康兰英、赵力光：《陕北汉代画像石》，西安：陕西人民出版社，1995 年，图 45。
出土/征集时间	1971 年出土
收藏地	西安碑林博物馆

编号	SSX-MZ-007-04
时代	东汉
原收藏号	
出土地	米脂县官庄
原石尺寸	172×41
画面尺寸	148×31
质地	砂岩
原石情况	
所属墓群	1971年 M2
组合关系	横楣石，与左、右门柱为墓室三石组合。
画面简述	画面分内、外两栏。外栏为绶带穿璧纹。内栏为厅堂端兽图。中间帷幔下垂的厅堂内一男一女端坐。厅堂外各长一株与厅堂等高的瑞草。两边刻鸡、独角翼龙、虎、双角翼龙、奔马、雄鹿卧伏。
著录与文献	陕西省博物馆，陕西省文管会写作小组：《米脂东汉画像石墓发掘简报》，载《文物》1972年第3期，276-280页；李林、康兰英、赵力光：《陕北汉代画像石》，西安：陕西人民出版社，1995年，图46。
出土/征集时间	1971年出土
收藏地	西安碑林博物馆

编号	SSX-MZ-007-05
时代	东汉
原收藏号	
出土地	米脂县官庄
原石尺寸	89×39
画面尺寸	72×26
质地	砂岩
原石情况	
所属墓群	1971 年 M2
组合关系	左门柱，与横楣石、右门柱为墓室三石组合。
画面简述	画面分内、外两栏。外栏为绶带穿璧纹。与横楣石外栏的绶带穿璧纹衔接。内栏分上、下两格，上格仙山神树上鸡首有翼神端坐，下格为单阙。鸡首神的眼阴线刻画，神树座树干上施加阴线。
著录与文献	陕西省博物馆、陕西省文管会写作小组：《米脂东汉画像石墓发掘简报》，载《文物》1972 年第 3 期，276-280 页；李林、康兰英、赵力光：《陕北汉代画像石》，西安：陕西人民出版社，1995 年，图 47。
出土/征集时间	1971 出土
收藏地	西安碑林博物馆

编号	SSX-MZ-007-06
时代	东汉
原收藏号	
出土地	米脂县官庄
原石尺寸	89×39
画面尺寸	72×26
质地	砂岩
原石情况	
所属墓群	1971 年 M2
组合关系	右门柱，与横楣石、左门柱为墓室三石组合。
画面简述	画面分内、外两栏。外栏为绶带穿璧纹。内栏分上、下两格，上格仙山神树上牛首有翼神端坐，下格为单阙。牛首神的眼阴线刻画，神树座树干上施加阴线。
著录与文献	陕西省博物馆、陕西省文管会写作小组：《米脂东汉画像石墓发掘简报》，载《文物》1972 年第 3 期，276-280 页；李林、康兰英、赵力光：《陕北汉代画像石》，西安：陕西人民出版社，1995 年，图 48。
出土/征集时间	1971 年出土
收藏地	西安碑林博物馆

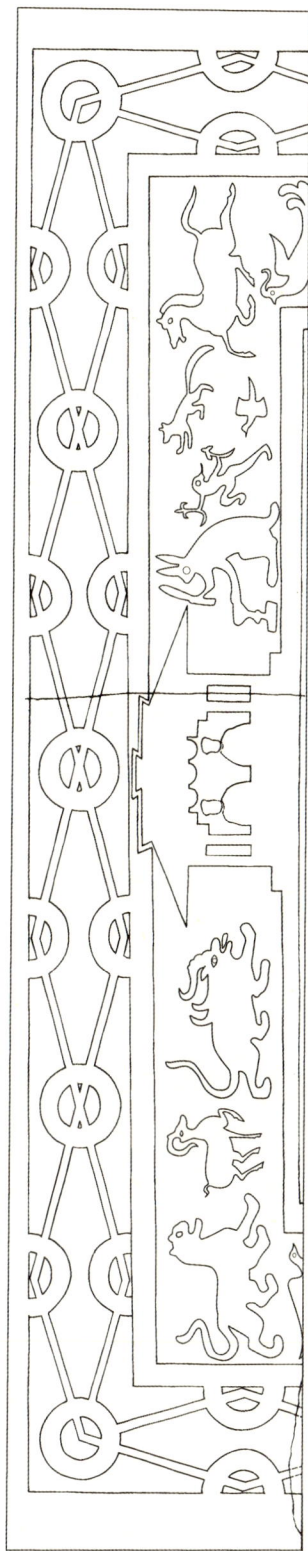

编号　　　　SSX-MZ-007-07

时代　　　　东汉

原收藏号

出土地　　　米脂县官庄

原石尺寸　　172×41

画面尺寸　　146×26

质地　　　　砂岩

原石情况　　正面平整，断为两截。

所属墓群　　1971年 M2

组合关系　　横楣石，与左、右门柱为墓室三石组合。

画面简述　　画面分内、外两栏。外栏为绥带穿璧纹。内栏为厅堂瑞兽图。中间帷幔下垂的厅堂内一男一女端坐。厅堂外各长一株高大的瑞草。两边从左到右为虎、益角羊、独角有翼犀牛形兽、羽人持瑞草、玉兔捣药、羽人持瑞草、狐、飞鸟、奔马、朱鸟。

著录与文献　陕西省博物馆、陕西省文管会写作小组：《米脂东汉画像石墓发掘简报》，载《文物》1972年第3期，276-280页，图49。
　　　　　　康兰英、赵力光：《陕北汉代画像石》，西安：陕西人民出版社，1995年，图49。

出土/征集时间　1971年出土

收藏地　　　西安碑林博物馆

编号	SSX-MZ-007-08
时代	东汉
原收藏号	
出土地	米脂县官庄
原石尺寸	89×39
画面尺寸	
质地	砂岩
原石情况	
所属墓群	1971 年 M2
组合关系	左门柱，与横楣石、右门柱为墓室三石组合。
画面简述	画面分内、外两栏。外栏为绶带穿璧纹。内栏分上、下两格，上格仙山神树上牛首有翼神端坐，下格为单阙。牛首神的眼，衣纹衣褶阴线刻画，神树座树干上施加阴线。
著录与文献	陕西省博物馆、陕西省文管会写作小组：《米脂东汉画像石墓发掘简报》，载《文物》1972 年第 3 期，276-280 页；李林、康兰英、赵力光：《陕北汉代画像石》，西安：陕西人民出版社，1995 年，图 50。
出土/征集时间	1971 年出土
收藏地	西安碑林博物馆

编号	SSX-MZ-007-09
时代	东汉
原收藏号	
出土地	米脂县官庄
原石尺寸	89×39
画面尺寸	72×26
质地	砂岩
原石情况	
所属墓群	1971年M2
组合关系	右门柱,与横楣石、左门柱为墓室三石组合。
画面简述	画面分内、外两栏。外栏为绶带穿璧纹。内栏分上、下两格,上格仙山神树上鸡首有翼神端坐,下格为单阙。鸡首神的眼、衣纹衣褶阴线刻画,神树座树干上施加阴线。
著录与文献	陕西省博物馆、陕西省文管会写作小组:《米脂东汉画像石墓发掘简报》,载《文物》1972年第3期,276-280页;李林、康兰英、赵力光:《陕北汉代画像石》,西安:陕西人民出版社,1995年,图51。
出土/征集时间	1971年出土
收藏地	西安碑林博物馆

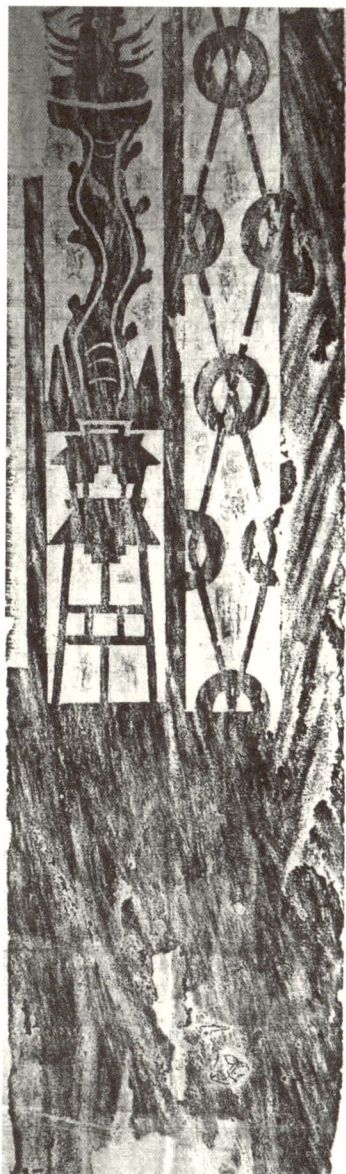

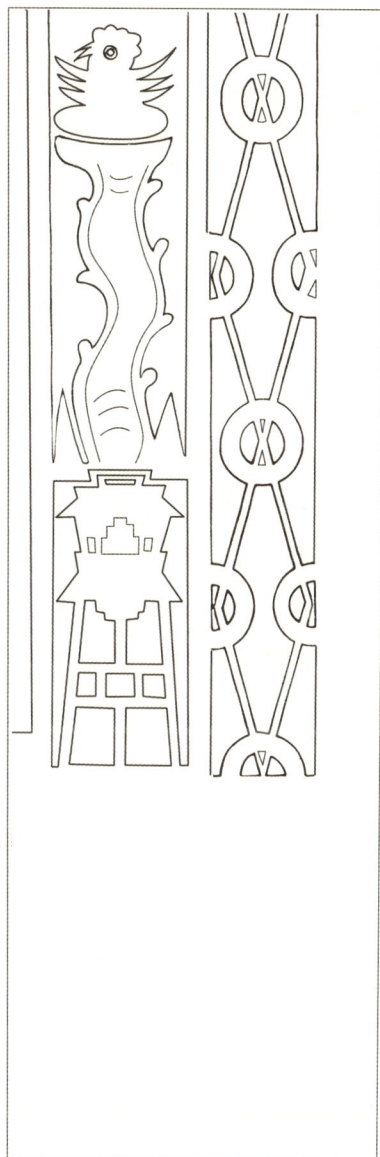

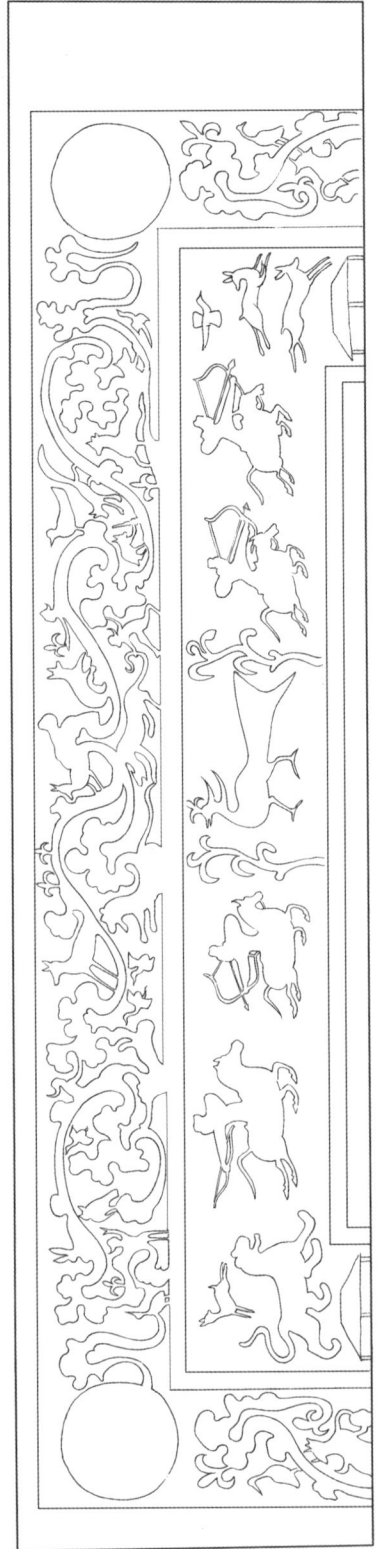

编号　SSX-MZ-007-10

时代　东汉

原收藏号

出土地　米脂县官庄

原石尺寸　181×41

画面尺寸　154×36

质地　砂岩

原石情况　横楣石正、背面均平整。

所属墓群　1971 年 M2

组合关系　横楣石，与左、右门柱作为墓室三石组合。

画面简述　画面分内、外两栏。外栏为卷云鸟兽纹。左、右两端各阳刻一圆形，象征日、月。云气纹中填刻双角有翼兽，立鸟、鹿、仙人一手上举、人面鸟、飞鸟、长发仙人、一虎在前，猛兽衔其尾、羽人牵猛兽长尾、鹿、长发仙人饲鹿、三足鸟、玉兔捣药、鹿形鸟、长尾鸟、双角有翼兽。这一卷云鸟兽纹为陕北画像石中多用的格套之麒麟、狐、两猎为对猎图。内栏为画面中间两株端草之间一凤鸟站立。凤鸟左、两猎手在马背上反身明后，一、常常使用模板制作。张弓追射鹿。虎、右、两猎手张弓射猎惊慌奔逃的两鹿。上有一鸟一鸟上有一华盖顶与左右门柱图惊飞。两边下部各有一华盖顶与左右门柱图案相衔接。

著录与文献　陕西省博物馆，陕西省文管会写作小组:《米脂东汉画像石墓发掘简报》，载《文物》1972 年第 3 期，276－280 页;李林、康兰英、赵力光:《陕北汉代画像石》，西安：陕西人民出版社，1995 年，图 117。

出土/征集时间　1971 年出土

收藏地　西安碑林博物馆

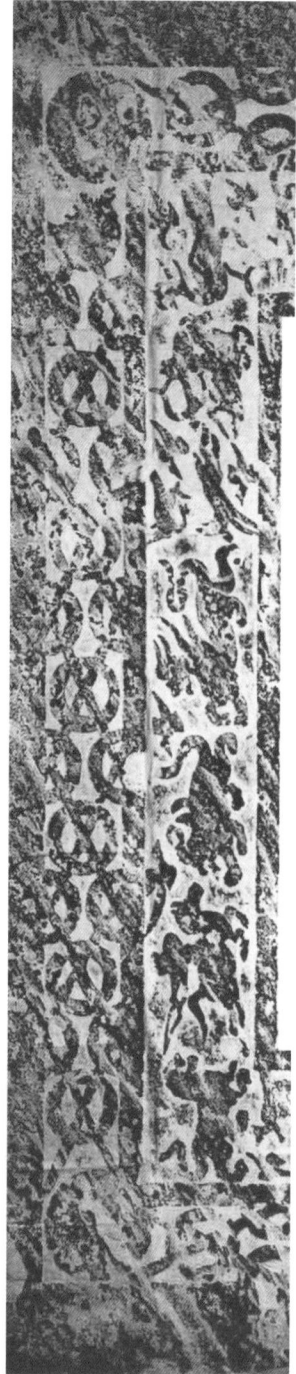

编号 SSX-MZ-008-01

时代 东汉

原收藏号

出土地 米脂县官庄

原石尺寸 167×40

画面尺寸 131×31

质地 砂岩

原石情况 门楣石正面原石面打磨平整，后期遗留有水泥斑痕；背面平整，局部剥蚀；上、下侧面平整，有不规则凿纹。下侧面两端有8×5×2厘米的榫头。

所属墓群 1971年M3

组合关系 门楣石，与左、左、右门柱，左、右门扉为墓门面五石组合。

画面简述 画面分内、外两栏。外栏为绶带穿璧纹。左、右两端阳刻一圆形，象征日、月。出土时左边的圆轮中有大片红彩残留。内栏左有一猎手任马背上反身射虎。虎身下一狐奔走。中间为独角有翼犀牛形兽，双角翼龙，人面马。人面马背上反身射鹿，一凤鸟站立，一狐奔走。画面上补白多只飞鸟。右一猎手任马背上反

著录与文献 陕西省博物馆、陕西省文管会写作小组：《米脂东汉画像石墓发掘简报》，载《文物》1972年第3期，276-280页；李林、康兰英、赵力光：《陕北汉代画像石》，西安：陕西人民出版社，1995年，图52。

出土/征集时间 1971年出土

收藏地 西安碑林博物馆

编号	SSX-MZ-008-02
时代	东汉
原收藏号	
出土地	米脂县官庄
原石尺寸	91×34
画面尺寸	82×26
质地	砂岩
原石情况	左、右门框石刻正面打磨平整光滑，左下角处有凿痕；背面平整，因原镶嵌于墙壁陈列残留水泥砂浆；上侧面打磨平整；下侧面呈毛石状；左侧面经打磨较平整，有不规则凿纹；右侧面欠平整。
所属墓群	1971 年 M3
组合关系	左门柱，与门楣石，右门柱，左、右门扉为墓门面五石组合。
画面简述	画面分上、下两格，上格分内、外两栏。外栏为绶带穿璧纹。与横楣石外栏的绶带穿璧纹相衔接。内栏分两格，上格为神树之上的神仙（西王母？）端坐，树干间有狐、鹿、长尾飞鸟。下格为门吏头戴平巾帻，身着长襦大袴，双手拥彗，面门站立。底格为奔马。
著录与文献	陕西省博物馆、陕西省文管会写作小组：《米脂东汉画像石墓发掘简报》，载《文物》1972 年第 3 期，276-280 页；李林、康兰英、赵力光：《陕北汉代画像石》，西安：陕西人民出版社，1995 年，图 53。
出土/征集时间	1971 年出土
收藏地	西安碑林博物馆

编号	SSX-MZ-008-03
时代	东汉
原收藏号	
出土地	米脂县官庄
原石尺寸	91×34
画面尺寸	82×26
质地	砂岩
原石情况	
所属墓群	1971 年 M3
组合关系	右门柱，与门楣石，左门柱，左、右门扉为墓门面五石组合。
画面简述	画面分上、下两格，上格分内、外两栏。外栏为绶带穿璧纹。与横楣石外栏的绶带穿璧纹相衔接。内栏上部为神树之上的神仙（西王母？）端坐，树干间有狐、鹿、长尾飞鸟。下部为门吏头戴平巾帻，身着长襦大袴，双手拥彗，面门站立。底格为奔马。
著录与文献	陕西省博物馆、陕西省文管会写作小组：《米脂东汉画像石墓发掘简报》，载《文物》1972 年第 3 期，276-280 页；李林、康兰英、赵力光：《陕北汉代画像石》，西安：陕西人民出版社，1995 年，图 56。
出土/征集时间	1971 年出土
收藏地	西安碑林博物馆
备注	左、右门柱使用同一模板制作。

编号	SSX-MZ-008-04
时代	东汉
原收藏号	
出土地	米脂县官庄
原石尺寸	111×41
画面尺寸	92×33
质地	砂岩
原石情况	左、右门扇石正面光滑平整，浮雕较高；背面平整无凿痕；上侧面平整，两上端分别有 7.5×7.5×5 厘米、下端分别有 3.5×7×5 厘米的门枢；左、右平整有不规则凿纹。
所属墓群	1971 年 M3
组合关系	左门扉，与门楣石、左、右门柱，右门扉为墓门面五石组合，在墓门。
画面简述	朱雀、铺首、白虎图。朱雀口中含丹，铺首的两角斜向上竖起，额部突起呈桃形。眼、眉、鼻、胡须皆用阴线刻出。
著录与文献	陕西省博物馆、陕西省文管会写作小组：《米脂东汉画像石墓发掘简报》，载《文物》1972 年第 3 期，276-280 页；李林、康兰英、赵力光：《陕北汉代画像石》，西安：陕西人民出版社，1995 年，图 54。
出土/征集时间	1971 年出土
收藏地	西安碑林博物馆

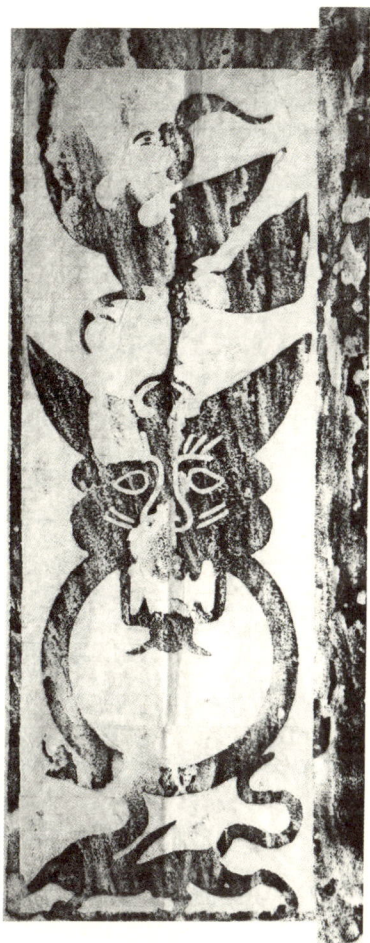

编号	SSX-MZ-008-05
时代	东汉
原收藏号	
出土地	米脂县官庄
原石尺寸	111×41
画面尺寸	92×33
质地	砂岩
原石情况	
所属墓群	1971 年 M3
组合关系	右门扉，与门楣石、左、右门柱，左门扉为墓门面五石组合。
画面简述	朱雀、铺首、翼龙图。朱雀口中含丹，铺首的两角斜向上竖起，额部突起呈桃形。眼、眉、鼻、胡须皆用阴线刻出。
著录与文献	陕西省博物馆、陕西省文管会写作小组：《米脂东汉画像石墓发掘简报》，载《文物》1972 年第 3 期，276-280 页；李林、康兰英、赵力光：《陕北汉代画像石》，西安：陕西人民出版社，1995 年，图 55。
出土/征集时间	1971 年出土
收藏地	西安碑林博物馆
备注	左、右门扉龙、虎之外的图像显为同一模板制作。

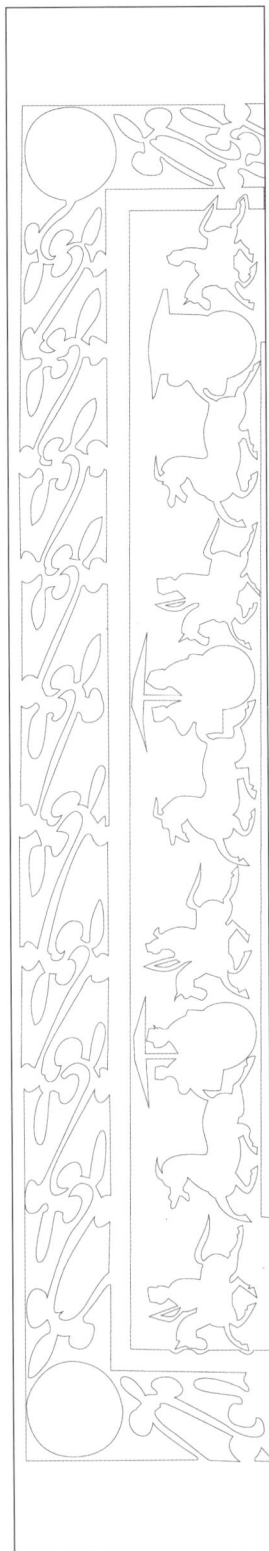

编号　SSX-MZ-009-01

时代　东汉

原收藏号

出土地　米脂县官庄

原石尺寸　181×36

画面尺寸　146×29

质地　砂岩

原石情况　正面光滑平整断为两截。

所属墓群　1971年 M4

组合关系　门楣石、与左、右门柱、左、右门扉，为墓门面五石组合。

画面简述　画面分内、外两栏。外栏为云气纹（或忍冬纹）。左、右两端各阴刻一圆形，象征日、月。内栏为车骑队列行进图。画面中两辆轺车，一辆轺车与三名骑吏间隔排列，鱼贯而行。

著录与文献　陕西省博物馆、陕西省文管会写作小组:《米脂东汉画像石墓发掘简报》，载《文物》1972年第3期，276-280页；李林、康兰英、赵力光:《陕北汉代画像石》，西安:陕西人民出版社，1995年，图57。

出土/征集时间　1971年出土

收藏地　西安碑林博物馆

备注　执弓箭的三骑吏，两辆轺车显为使用同一模板制作。

编号　　　　　　SSX-MZ-009-02

时代　　　　　　东汉

原收藏号

出土地　　　　　米脂县官庄

原石尺寸　　　　90×38

画面尺寸　　　　79×26

质地　　　　　　砂岩

原石情况

所属墓群　　　　1971 年 M4

组合关系　　　　左门柱，与门楣石，右门柱，左、右门扉为墓门面五石组合。

画面简述　　　　画面分内、外两栏。外栏为云气纹（或忍冬纹），与门楣石外栏云气纹（或忍冬纹）相衔接。
　　　　　　　　内栏神树之上仙人与羽人博弈，树干间为有翼龙、雄鹿。下格一门卒戴平巾帻，着长
　　　　　　　　襦大袴，双手拥彗面门而立。底格为玄武。

著录与文献　　　陕西省博物馆、陕西省文管会写作小组：《米脂东汉画像石墓发掘简报》，载《文物》
　　　　　　　　1972 年第 3 期，276-280 页；李林、康兰英、赵力光：《陕北汉代画像石》，西安：陕
　　　　　　　　西人民出版社，1995 年，图 58。

出土/征集时间　　1971 年出土

收藏地　　　　　西安碑林博物馆

编号	SSX-MZ-009-03
时代	东汉
原收藏号	
出土地	米脂县官庄
原石尺寸	90×38
画面尺寸	
质地	砂岩
原石情况	
所属墓群	1971 年 M4
组合关系	右门柱，与门楣石，左门柱，左、右门扉为墓门面五石组合。
画面简述	画面分内、外两栏。外栏为云气纹（或忍冬纹），与门楣石外栏云气纹（或忍冬纹）相衔接。内栏神树之上西王母端坐，树干间有鹿、狐、飞鸟。下格一门卒戴平巾帻，着长襦大袴，持棨戟面门而立。底格为玄武。
著录与文献	陕西省博物馆、陕西省文管会写作小组：《米脂东汉画像石墓发掘简报》，载《文物》1972 年第 3 期，276-280 页；李林、康兰英、赵力光：《陕北汉代画像石》，西安：陕西人民出版社，1995 年，图 59。
出土/征集时间	1971 年出土
收藏地	西安碑林博物馆

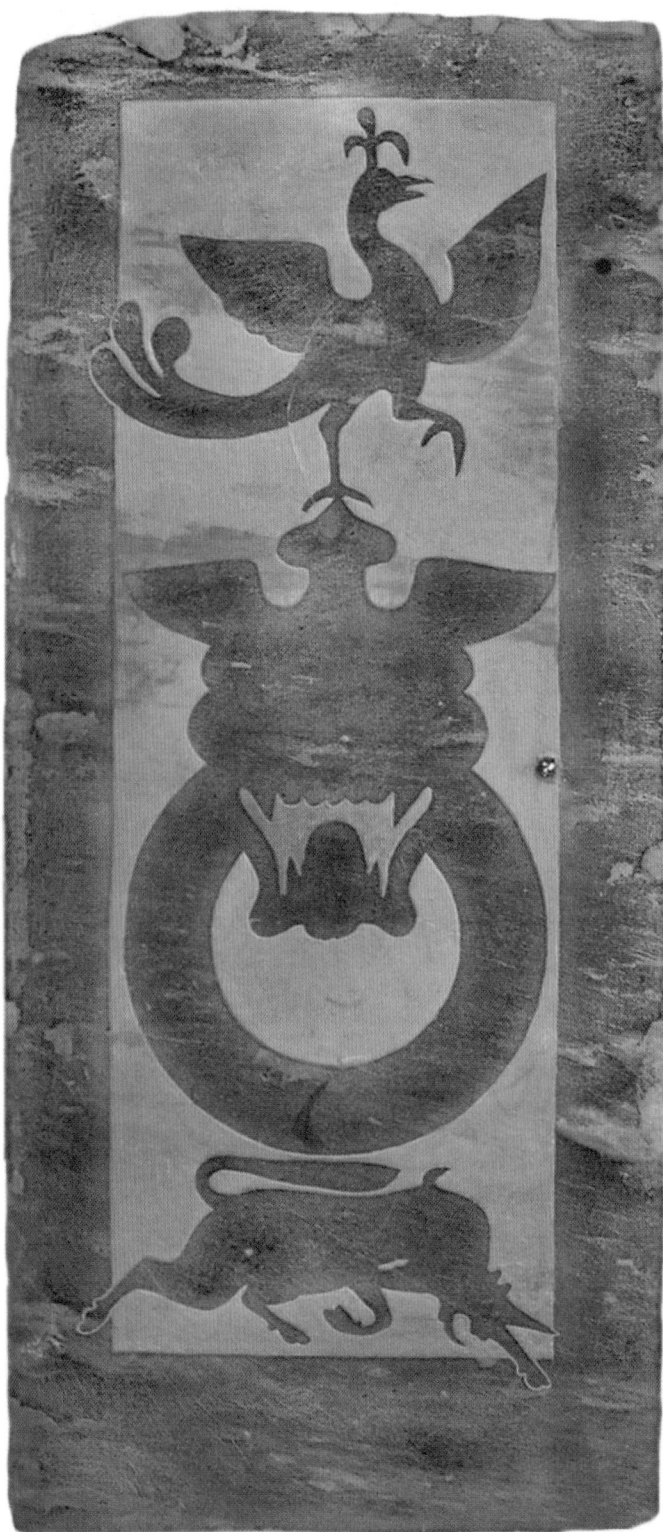

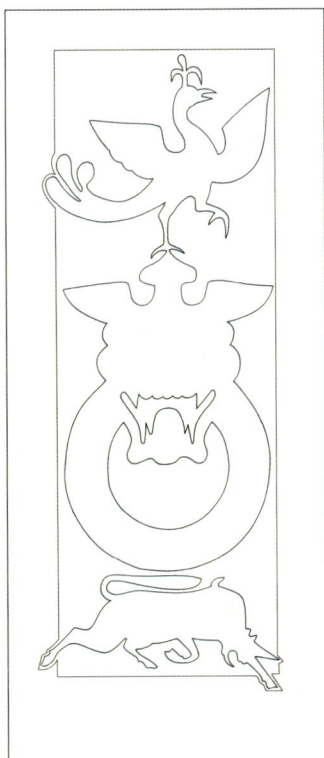

编号	SSX-MZ-009-04
时代	东汉
原收藏号	
出土地	米脂县官庄
原石尺寸	113×50
画面尺寸	90×32
质地	砂岩
原石情况	
所属墓群	1971 年 M4
组合关系	左门扉，与门楣石，左、右门柱，右门扉为墓门面五石组合。
画面简述	朱雀、穿环铺首、独角兽。铺首两角平伸，额部突起呈桃形。口腔阴刻。
著录与文献	陕西省博物馆、陕西省文管会写作小组：《米脂东汉画像石墓发掘简报》，载《文物》1972 年第 3 期，276—280 页；李林、康兰英、赵力光：《陕北汉代画像石》，西安：陕西人民出版社，1995 年，图 60。
出土/征集时间	1971 年出土
收藏地	西安碑林博物馆

编号	SSX-MZ-009-05
时代	东汉
原收藏号	
出土地	米脂县官庄
原石尺寸	113×50
画面尺寸	
质地	砂岩
原石情况	
所属墓群	1971 年 M4
组合关系	右门扉，与门楣石，左、右门柱，左门扉为墓门面五石组合。
画面简述	朱雀、铺首、獬豸图。铺首两耳平伸，额部突起呈桃形。口腔阴刻。底框上阴线刻一蹲犬、一奔犬，可能为正式刻画门扇前的试作。
著录与文献	陕西省博物馆、陕西省文管会写作小组：《米脂东汉画像石墓发掘简报》，载《文物》1972 年第 3 期，276-280 页；李林、康兰英、赵力光：《陕北汉代画像石》，西安：陕西人民出版社，1995 年，图 61。
出土/征集时间	1971 年出土
收藏地	西安碑林博物馆

编号	SSX-MZ-009-06
时代	东汉
原收藏号	
出土地	米脂县官庄
原石尺寸	276×39
画面尺寸	258×31
质地	砂岩
原石情况	横楣石正面石面欠平整，呈凹凸状，物像迁就石面刻画；背面平整；上、下侧面平整，有凿纹；左侧面呈毛石状。
所属墓群	1971 年 M4
组合关系	横楣石，与左、右门柱，左、右边柱为墓室前室南壁五石组合。
画面简述	画面分内、外两栏。外栏为云气纹（或忍冬纹）。内栏以瑞草为界，左边为骑射图，右边为瑞兽图。骑射图从左到右为：一骑马猎手张弓射虎；接着是两组画面相近的射猎场面。即：一猎手反身张弓与另一猎手围追射猎惊厥奔逃的羚羊、鹿。一猎犬跟随奔跑。画面中猎手和羊、鹿使用同一模板制作。右边的瑞兽图从左到右为：羽人戏麒麟、独角有翼犀牛形兽、双角翼虎、独角翼龙、比肩兽。
著录与文献	陕西省博物馆、陕西省文管会写作小组：《米脂东汉画像石墓发掘简报》，载《文物》1972 年第 3 期，276-280 页；李林、康兰英、赵力光：《陕北汉代画像石》，西安：陕西人民出版社，1995 年，图 62。
出土/征集时间	1971 年出土
收藏地	西安碑林博物馆

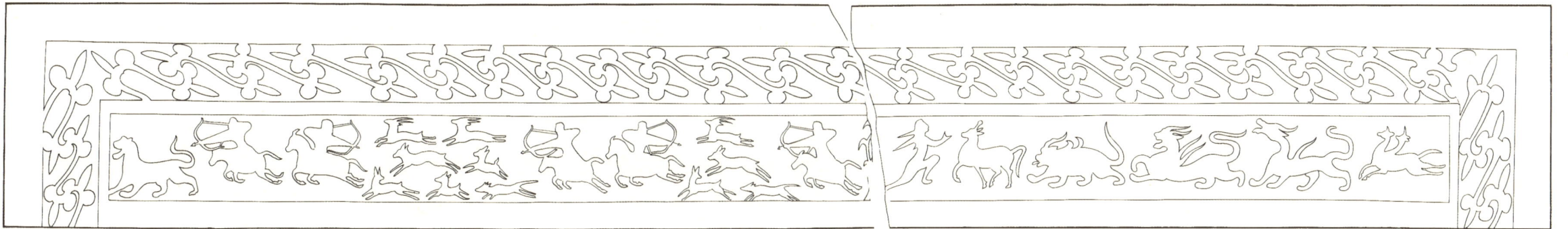

SSX-MZ-009-06 （局部）

编号	SSX-MZ-009-07
时代	东汉
原收藏号	
出土地	米脂县官庄
原石尺寸	118×22
画面尺寸	93×10
质地	砂岩
原石情况	正面光滑平整；背面平整；上侧面平整，凿刻人字纹、条纹；下侧面平整；左、右侧面平整，有凿纹。
所属墓群	1971 年 M4
组合关系	左边柱，与横楣石，右边柱，左、右门柱为墓室前室南壁五石组合。
画面简述	刻云气纹（或忍冬纹）。
著录与文献	陕西省博物馆、陕西省文管会写作小组：《米脂东汉画像石墓发掘简报》，载《文物》1972 年第 3 期，276-280 页；李林、康兰英、赵力光：《陕北汉代画像石》，西安：陕西人民出版社，1995 年，图 71。
出土/征集时间	1971 年出土
收藏地	西安碑林博物馆

编号	SSX-MZ-009-08
时代	东汉
原收藏号	
出土地	米脂县官庄
原石尺寸	118×22
画面尺寸	93×10
质地	砂岩
原石情况	正面光滑平整；背面平整；上侧面平整，凿刻人字纹、条纹；下侧面平整；左、右侧面平整，有凿纹。
所属墓群	1971 年 M4
组合关系	右边柱，与横楣石，左边柱，左、右门柱为墓室前室南壁五石组合。
画面简述	刻云气纹（或忍冬纹）。
著录与文献	陕西省博物馆、陕西省文管会写作小组:《米脂东汉画像石墓发掘简报》,载《文物》1972 年第 3 期，276-280 页；李林、康兰英、赵力光:《陕北汉代画像石》,西安：陕西人民出版社，1995 年，图 72。
出土/征集时间	1971 年出土
收藏地	西安碑林博物馆

编号	SSX-MZ-009-09
时代	东汉
原收藏号	
出土地	米脂县官庄
原石尺寸	113×39
画面尺寸	90×31
质地	砂岩
原石情况	正面光滑平整。
所属墓群	1971 年 M4
组合关系	左门柱，与横楣石，左、右边柱，右门柱为墓室前室南壁五石组合。
画面简述	画面分内、外两栏。外栏分为七格，自上而下第一格：人身蛇尾神执瑞草。第二格：玉兔捣药。第三格与右栏第二格为一个整体画面。一人头戴进贤冠，身着袍服，面右伸手作讲述状。对面站立的人亦戴冠着袍，袖手面左站立，似在与对面站立之人对语。其身后一人戴冠着袍，袖手站立。讲述者身后一人戴冠着袍，双手捧牍（简或笏），面右跪于地上。第四格：雄鹿卧伏。第五格：盘角羊行走。第六格：两只长颈鸟站立。第七格：一犬卧伏。 内栏分四格，第一格：神树之上两仙人博弈，树干间有角翼龙、雄鹿。第二格与外栏第三格组成人物对语图。第三格：二只鸡行走。第四格：博山炉。
著录与文献	陕西省博物馆、陕西省文管会写作小组：《米脂东汉画像石墓发掘简报》，载《文物》1972 年第 3 期，276-280 页；李林、康兰英、赵力光：《陕北汉代画像石》，西安：陕西人民出版社，1995 年，图 66。
出土/征集时间	1971 年出土
收藏地	西安碑林博物馆

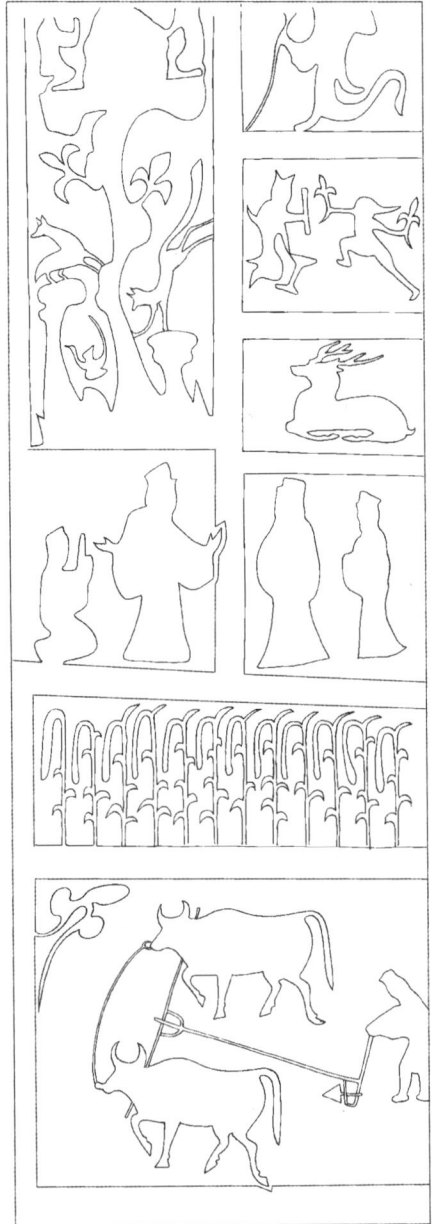

编号	SSX-MZ-009-10
时代	东汉
原收藏号	
出土地	米脂县官庄
原石尺寸	113×39
画面尺寸	90×31
质地	砂岩
原石情况	竖侧石正面光滑平整。
所属墓群	1971 年 M4
组合关系	右门柱，与横楣石，左、右边柱，左门柱为墓前室南壁五石组合。
画面简述	画面分为三格，上格分为内、外两栏。外栏上三格为人身蛇尾神执瑞草；玉兔捣药、羽人举瑞草；雄鹿卧伏。左栏第一格为西王母端坐于神树之上，两羽人侍于左右。神树间有狐、鹿、飞鸟。第四格与内栏第二格为一个整体画面。一人头戴进贤冠，身着袍服，面右摊开双手作讲述状，身后一人戴冠着袍，双手捧牍（简或笏）面右跽坐于地。对面站立的人亦戴冠着袍，袖手面左站立，似在与对面站立之人对语。其身后一人戴冠着袍，袖手站立。与左门柱同样的图使用同一模板制作。中格为谷穗图。下格为二牛抬杠式的牛耕图。
著录与文献	陕西省博物馆、陕西省文管会写作小组：《米脂东汉画像石墓发掘简报》，载《文物》1972 年第 3 期，276-280 页；李林、康兰英、赵力光：《陕北汉代画像石》，西安：陕西人民出版社，1995 年，图 74。
出土/征集时间	1971 年出土
收藏地	西安碑林博物馆

编号	SSX-MZ-009-11
时代	东汉
原收藏号	
出土地	米脂县官庄
原石尺寸	142×37×7
画面尺寸	94×33
质地	砂岩
原石情况	正面打磨光滑平整，左上角剥蚀严重，图像漫漶不清；背面、上侧面、左侧面平整；右侧面上部有凹坑；下侧面平整，有凿痕。
所属墓群	1971 年 M4
组合关系	右门柱，与左门柱为墓室前室东壁组合。
画面简述	覆盆形柱础、柱、斗栱组成的中柱将画面分为内、外两栏。每栏皆分为四格，同一层的两格构成一个画面。斗栱四层。第一格为羽人献瑞草，中间斗栱，中间空处刻一凤鸟。第二格左格二人，均戴冠着袍。一人持棨戟侍立，一人荷长剑面右而立。右格一人冠山形冠，着官袍荷长剑，双臂张开与对面荷剑之人对语。身后一人戴冠着袍，捧牍（或笏）跽坐。第三格左格一人戴进贤冠着袍，张开双臂右向立，身后一人袖手侍立。右格一人戴冠着袍左向立，身后一人戴冠着袍，袖手侍立。第四格左、右各有二人相对袖手侍立。
著录与文献	陕西省博物馆、陕西省文管会写作小组：《米脂东汉画像石墓发掘简报》，载《文物》1972 年第 3 期，276-280 页；李林、康兰英、赵力光：《陕北汉代画像石》，西安：陕西人民出版社，1995 年，图 68。
出土/征集时间	1971 年出土
收藏地	西安碑林博物馆

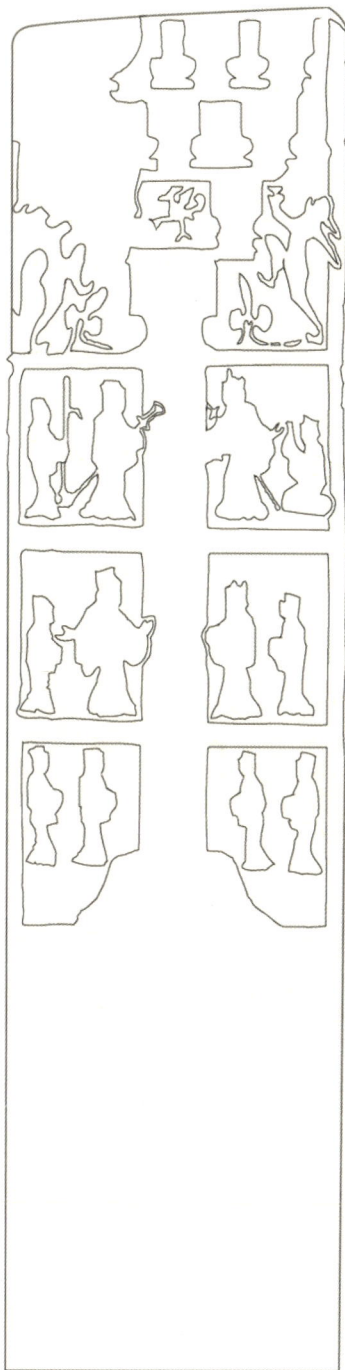

编号	SSX-MZ-009-12
原收藏号	东汉
出土地	
原石尺寸	米脂县官庄
画面尺寸	142×37×7
质地	76×33
原石情况	砂岩
所属墓群	1971年M4
组合关系	左门柱,与右门柱为墓室前室东壁组合。
画面简述	覆盆形柱础、柱、斗栱组成的中柱将画面分为内、外两栏。每栏皆分为四格,同一层的两格构成一个画面。第一格为羽人献瑞草。第二格为完璧归赵图,左格一人头戴王冠,着袍面右踞坐。身后一人持棨戟侍立。右格一人蹲于地上,一手前伸,一手高举一圆形物。身后一人执戟侍立。第三格:两人均荷剑相对站立,一人摊开双手,似为对语图。两人身后各有一人袖手而立。第四格:左、右各有二人相对袖手侍立。
著录与文献	陕西省博物馆、陕西省文管会写作小组:《米脂东汉画像石墓发掘简报》,载《文物》1972年第3期,276-280页;李林、康兰英、赵力光:《陕北汉代画像石》,西安:陕西人民出版社,1995年,图67。
出土/征集时间	1971年出土
收藏地	西安碑林博物馆

编号	SSX-MZ-009-13
时代	东汉
原收藏号	
出土地	米脂县官庄
原石尺寸	246×36
画面尺寸	234×26
质地	砂岩
原石情况	
所属墓群	1971年M4
组合关系	横楣石、与中柱石、左、右门柱石为墓室后壁四石组合。
画面简述	画面从左到右分为三段，左段分上、下两栏。上栏为车骑队列，抱拳躬身迎拜礼。下栏为卷云鸟兽纹。一戴着着袍人站立于门阙旁，面对为迎逆图。下栏为迎过图。上栏为门阙，下两栏。中段为门阙阁楼图。一层阁楼中二人着冕袖长袍相向跽坐。似为宾主拜会。阁楼两侧各有门阙，阙顶均站立凤鸟。两阙人双手执端草面向朱雀。阁楼外左有两人戴冠着袍，袖手站立。右两人中，一人戴冠着袍，手捧一物跪献。一人着官服脆站立。下两栏。右段分上、下两栏。上栏为灵禽图。有凤鸟、人面鸟、三足乌站立，朱雀和大雁飞翔。右端两株端草。面对迎面而来的车骑队列，抱拳躬身致身致迎拜礼。阁楼左侧的车骑行列有一辆轺车，右侧的车骑行列有骑吏导从，二辆轺车、一辆辎车。骑吏前导号为先导，面对迎面而来的车骑队列有一辆轺车。
著录与文献	陕西省博物馆、陕西省文管会写作小组：《米脂东汉画像石墓发掘简报》，载《文物》1972年第3期，276-280页；李林、康兰英、赵力光：《陕北汉代画像石》，西安：陕西人民出版社，1995年，图63。
出土/征集时间	1971年出土
收藏地	西安碑林博物馆

编号	SSX-MZ-009-14
时代	东汉
原收藏号	
出土地	米脂县官庄
原石尺寸	142×29×8
画面尺寸	92×24
质地	砂岩
原石情况	纪年石正面打磨平整光滑；背面平整，有粗条凿纹；上、下侧面平整；左、右侧面有规整的人字凿纹。
所属墓群	1971 年 M4
组合关系	中柱石，与横楣石，左、右门柱为墓室北壁四石组合。
画面简述	画面分为左、中、右三栏。左、右两栏为绶带穿璧纹，中栏隶体阳刻"永初元年九月十六日牛文明千萬歲室長利子孫"二十字。
著录与文献	陕西省博物馆、陕西省文管会写作小组：《米脂东汉画像石墓发掘简报》，载《文物》1972 年第 3 期，276-280 页；李林、康兰英、赵力光：《陕北汉代画像石》，西安：陕西人民出版社，1995 年，图 75。
出土/征集时间	1971 年出土
收藏地	西安碑林博物馆

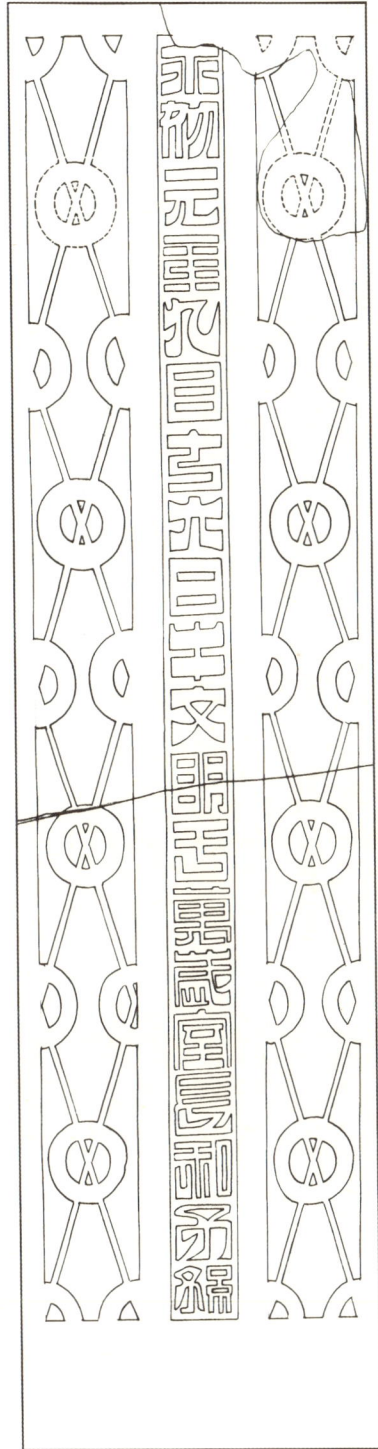

编号	SSX-MZ-009-15
时代	东汉
原收藏号	
出土地	米脂县官庄
原石尺寸	141×39
画面尺寸	93×33
质地	砂岩
原石情况	竖侧石正面、背面、右侧面平整；左侧面平整，有凿纹；上、下侧面呈毛石状。
所属墓群	1971年M4
组合关系	门柱石，与横楣石、另一门柱石为墓室前室西壁组合。
画面简述	覆盆式柱础、柱、斗栱组成的中柱将画面分为内、外两栏，每栏皆分为五格。同层左、右两格构成一个画面。第一格：羽人持献瑞草。第二格：两人对坐。居左者梳垂髻，着袍拥袖而坐。身后一人梳垂髻，双手捧一物，跪于地，躬身朝前作敬献状。右格一男子戴进贤冠，着袍与左边的女性对面而坐。其身后一人头带戴帻巾，双手捧牍（简）跪于地。第三格：技击图。左一人持巾执剑，与对面执勾镶者技击。第四格：乐舞图。左格二男子跽坐观赏，击掌叫好，右格左一人一手持巾，一手执桴，踏盘而舞。右一人长发辫下垂，一手举起，跳跃伴舞。第五格：饮酒图。左一男子跽坐，左手前伸，持一圆形物（饮酒器？），身前一案，上置二圆形物（饮酒器？）。上方另有一案，案前亦置圆形物（盛酒器？）。右一人跽坐于案前，手执一勺。案下有一瓢形物。两人似在对饮。
著录与文献	陕西省博物馆、陕西省文管会写作小组：《米脂东汉画像石墓发掘简报》，载《文物》1972年第3期，276-280页；李林、康兰英、赵力光：《陕北汉代画像石》，西安：陕西人民出版社，1995年，图73。
出土/征集时间	1971年出土
收藏地	西安碑林博物馆

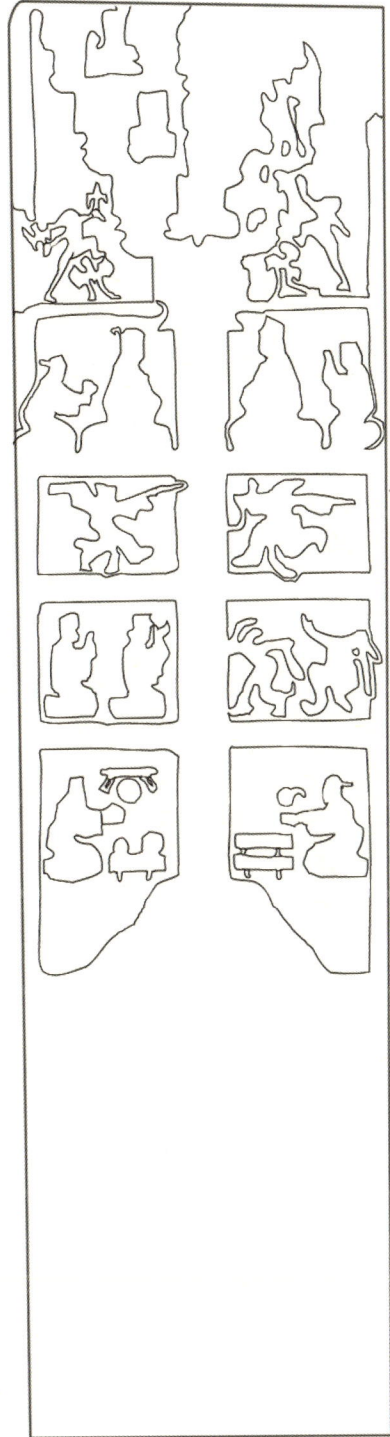

编号	SSX-MZ-009-16
时代	东汉
原收藏号	
出土地	米脂县官庄
原石尺寸	118×22
画面尺寸	94×9
质地	砂岩
原石情况	正面光滑平整；背面平整；上侧面平整，凿有规整的人字凿纹；下侧面平整；左、右侧面平整，有凿痕。
所属墓群	1971年M4
组合关系	左边柱，与横楣石，左、右门柱，右边柱为墓室前室五石组合。
画面简述	卷云纹。
著录与文献	陕西省博物馆、陕西省文管会写作小组：《米脂东汉画像石墓发掘简报》，载《文物》1972年第3期，276-280页；李林、康兰英、赵力光：《陕北汉代画像石》，西安：陕西人民出版社，1995年，图69。
出土/征集时间	1971年出土
收藏地	西安碑林博物馆

编号	SSX-MZ-009-17
时代	东汉
原收藏号	
出土地	米脂县官庄
原石尺寸	118×22
画面尺寸	94×9
质地	砂岩
原石情况	正面光滑平整；背面平整；上侧面平整，有规整的人字凿纹；下侧面平整；左、右侧面平整，有凿纹。
所属墓群	1971 年 M4
组合关系	右边柱，与横楣石，左、右门柱，左边柱为墓室前室五石组合。
画面简述	卷云纹。
著录与文献	陕西省博物馆、陕西省文管会写作小组：《米脂东汉画像石墓发掘简报》，载《文物》1972 年第 3 期，276-280 页；李林、康兰英、赵力光：《陕北汉代画像石》，西安：陕西人民出版社，1995 年，图 70。
出土/征集时间	1971 年出土
收藏地	西安碑林博物馆

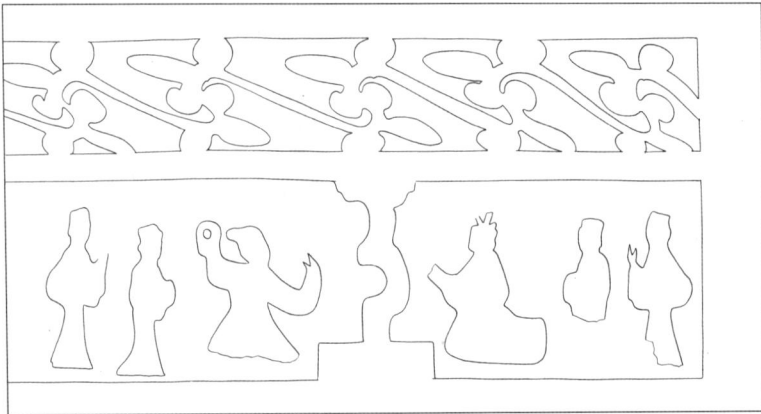

编号	SSX-MZ-009-18
时代	东汉
原收藏号	
出土地	米脂县官庄
原石尺寸	35×89
画面尺寸	
质地	砂岩
原石情况	左段残缺
所属墓群	1971 年 M4
组合关系	应在墓室前室一壁，组合关系不详。
画面简述	画面分上、下两栏。上栏为卷云纹（或忍冬纹）。下栏为历史故事《完璧归赵》。中柱左一人发束高髻，一手执璧，一手前伸。柱右一人戴王冠着袍，面对执璧者就坐。两人身后各有二人侍立。
著录与文献	陕西省博物馆、陕西省文管会写作小组：《米脂东汉画像石墓发掘简报》，载《文物》1972 年第 3 期，276-280 页；李林、康兰英、赵力光：《陕北汉代画像石》，西安：陕西人民出版社，1995 年，图 64。
出土/征集时间	1971 年出土
收藏地	西安碑林博物馆

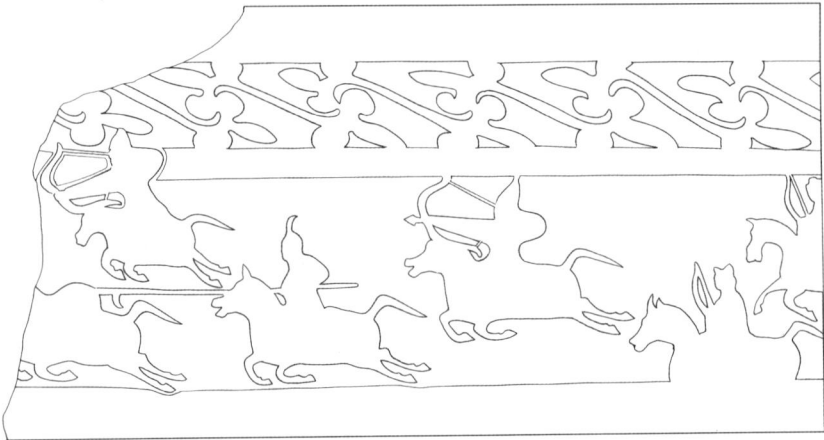

编号　　　　　SSX-MZ-009-19
时代　　　　　东汉
原收藏号
出土地　　　　米脂县官庄
原石尺寸　　　36×68
画面尺寸
质地　　　　　砂岩
原石情况
所属墓群　　　1971 年 M4
组合关系　　　应在墓室前室一壁，组合关系不详。
画面简述　　　画面分上、下两栏。上栏为卷云纹（或忍冬纹）。下栏为骑射图。图中有六猎手，左上一猎手和中间两人头顶高耸发髻，两人张弓，一人持棨戟。右边两骑吏戴平顶冠，执弓随行。
著录与文献　　陕西省博物馆、陕西省文管会写作小组：《米脂东汉画像石墓发掘简报》，载《文物》1972 年第 3 期，276-280 页；李林、康兰英、赵力光：《陕北汉代画像石》，西安：陕西人民出版社，1995 年，图 65。
出土/征集时间　1971 年出土
收藏地　　　　西安碑林博物馆

编　号	SSX-MZ-009-20
时　代	东汉
原收藏号	
出土地	米脂县官庄
原石尺寸	34×34
画面尺寸	
质　地	砂岩
原石情况	
所属墓群	1971 年 M4
组合关系	墓室前室顶部镶嵌的顶心石
画面简述	中间为圆形，象征日或月，四周卷云纹围绕。
著录与文献	陕西省博物馆、陕西省文管会写作小组：《米脂东汉画像石墓发掘简报》，载《文物》1972 年第 3 期，276-280 页；李林、康兰英、赵力光：《陕北汉代画像石》，西安：陕西人民出版社，1995 年，图 76。
出土/征集时间	1971 年出土
收藏地	西安碑林博物馆

编　号	SSX-MZ-009-21
时　代	东汉
原收藏号	
出土地	米脂县官庄
原石尺寸	34×34
画面尺寸	
质　地	砂岩
原石情况	
所属墓群	1971 年 M4
组合关系	墓室后室顶部镶嵌的顶心石
画面简述	中间为圆形，象征日或月，四周卷云纹围绕。
著录与文献	陕西省博物馆、陕西省文管会写作小组：《米脂东汉画像石墓发掘简报》，载《文物》1972 年第 3 期，276-280 页；李林、康兰英、赵力光：《陕北汉代画像石》，西安：陕西人民出版社，1995 年，图 77。
出土/征集时间	1971 年出土
收藏地	西安碑林博物馆

米脂县官庄 1981 年 M1 墓门面五石组合
SSX-MZ-010-01—SSX-MZ-010-05

编号	SSX-MZ-010-01
时代	东汉
原收藏号	0078 B0010
出土地	米脂县官庄
原石尺寸	211×43×7
画面尺寸	147×33
质地	砂岩
原石情况	
所属墓群	1981年 M1
组合关系	门楣石，与左、右门柱，左、右门扉为墓门面五石组合。
画面简述	画面分内、外两栏。外栏为卷云纹，中间两只长颈鸟相向站立于内栏阁楼顶部。内栏为阁楼车骑图。中间的厅堂内帷幔下垂，空寂无人。楼左、右各有一门吏戴冠着袍，拱手面楼侍立。他们的身后各有一荷棨戟骑吏导引的辎车，车中均有驭手和车主。
著录与文献	吴兰、学勇：《陕西米脂县官庄东汉画像石墓》，载《考古》1987年第 11 期，997-1001 页；李林、康兰英、赵力光：《陕北汉代画像石》，西安：陕西人民出版社，1995 年，图83；汤池：《中国画像石全集 5：陕西、山西汉画像石》，济南：山东美术出版社，2000 年，图 33。
出土/征集时间	1981 年出土
收藏地	米脂县博物馆
备注	阁楼外的两门吏、两荷棨戟骑吏、两辆辎车使用同一模板制作。

SSX-MZ-010-01（局部）

编号	SSX-MZ-010-02
时代	东汉
原收藏号	0100 B0032
出土地	米脂县官庄
原石尺寸	108×36×6
画面尺寸	88×26
质地	砂岩
原石情况	背面平整,上侧面平整,凿条纹。
所属墓群	1981 年 M1
组合关系	左门柱,与门楣石,右门柱,左、右门扉为墓门面五石组合。
画面简述	画面分为上、下两格,上格分为内、外两栏。外栏为卷云纹。内栏自上至下为人首人身蛇尾神,一手执矩,面前一株瑞草;三层重檐阙楼;一门卒戴平巾帻,着长襦大袴,手执长柄彗面门站立。下格为玄武和瑞草。阁楼的刻画独具匠心,一层立柱仅刻出左边象征墙体的直线,右边的线条由长柄彗弥补,使该建筑避免了失重的感觉。
著录与文献	吴兰、学勇:《陕西米脂县官庄东汉画像石墓》,载《考古》1987 年第 11 期,997-1001 页;李林、康兰英、赵力光:《陕北汉代画像石》,西安:陕西人民出版社,1995 年,图84;汤池:《中国画像石全集 5:陕西、山西汉画像石》,济南:山东美术出版社,2000 年,图 32。
出土/征集时间	1981 年出土
收藏地	米脂县博物馆

215←B55

152

编号	SSX-MZ-010-03
时代	东汉
原收藏号	0073 B0005
出土地	米脂县官庄
原石尺寸	108×36×7
画面尺寸	89×26
质地	砂岩
原石情况	背面平整。上侧面凿不规则人字纹。
所属墓群	1981 年 M1
组合关系	右门柱，与门楣石，左门柱，左、右门扉为墓门面五石组合。
画面简述	画面分内上、下两格，上格分为内、外两栏。外栏为卷云纹。内栏自上至下为人首人身蛇尾神，一手拿规，面前一株瑞草；三层重檐阙楼；一门吏戴平巾帻，着长襦大袴，执长柄彗面门站立。下格为玄武和瑞草。阁楼的刻画独具匠心，一层立柱仅刻出右边的直线，左边的线条由长柄彗弥补，使该建筑避免了失重的感觉。
著录与文献	吴兰、学勇：《陕西米脂县官庄东汉画像石墓》，载《考古》1987 年第 11 期，997-1001 页；李林、康兰英、赵力光：《陕北汉代画像石》，西安：陕西人民出版社，1995 年，图 87；汤池：《中国画像石全集 5：陕西、山西汉画像石》，济南：山东美术出版社，2000 年，图 31。
出土/征集时间	1981 年出土
收藏地	米脂县博物馆

153

编号	SSX-MZ-010-04
时代	东汉
原收藏号	0754 B0076
出土地	米脂县官庄
原石尺寸	117×50×4
画面尺寸	96×30
质地	砂岩
原石情况	背面平整。上侧面平整，有斜条纹。右侧面平整。
所属墓群	1981 年 M1
组合关系	左门扉，与门楣石，左、右门柱，右门扉为墓门面五石组合。
画面简述	朱雀、铺首、独角兽。铺首的两角（耳）平伸，额部突起呈桃形。铺首的两耳上所衔环均有瑞草。朱雀的眼，铺首的眼、眉、鼻以阴线刻画，口腔阴刻。
著录与文献	吴兰、学勇：《陕西米脂县官庄东汉画像石墓》，载《考古》1987 年第 11 期，997-1001 页；李林、康兰英、赵力光：《陕北汉代画像石》，西安：陕西人民出版社，1995 年，图 85；汤池：《中国画像石全集 5：陕西、山西汉画像石》，济南：山东美术出版社，2000 年，图 30。
出土/征集时间	1981 年出土
收藏地	米脂县博物馆
备注	左、右门扉使用同一模板制作。

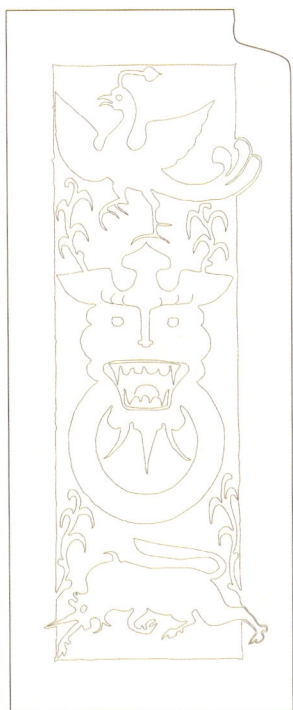

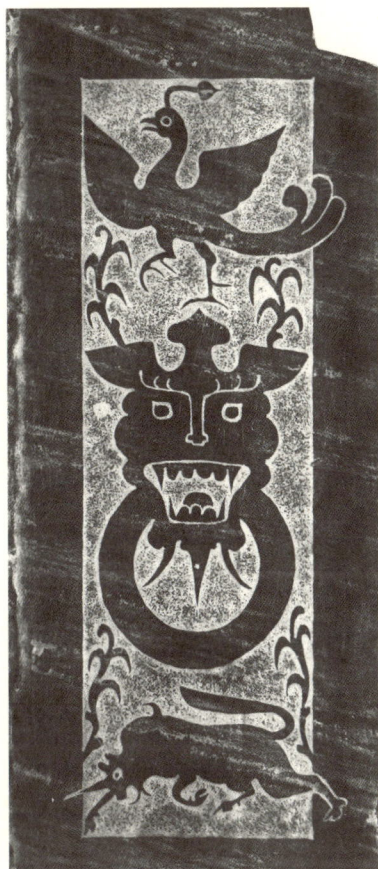

编号	SSX-MZ-010-05
时代	东汉
原收藏号	0091 B0023
出土地	米脂县官庄
原石尺寸	117×50×4
画面尺寸	96×30
质地	砂岩
原石情况	背面平整。上侧面欠平整。
所属墓群	1981 年 M1
组合关系	右门扉，与门楣石，左、右门柱，左门扉为墓门面五石组合。
画面简述	朱雀、穿环铺首、独角兽。铺首的两角（耳）平伸，额部突起呈桃形。铺首的两耳上所衔环下均有瑞草。朱雀的眼，铺首的眼、眉、鼻以阴线刻画，口腔阴刻。
著录与文献	吴兰、学勇：《陕西米脂县官庄东汉画像石墓》，载《考古》1987 年第 11 期，997-1001 页；李林、康兰英、赵力光：《陕北汉代画像石》，西安：陕西人民出版社，1995 年，图 86；汤池：《中国画像石全集 5：陕西、山西汉画像石》，济南：山东美术出版社，2000 年，图 29。
出土/征集时间	1981 年出土
收藏地	米脂县博物馆

米脂县官庄 1981 年 M1 墓室前室南壁三石组合
SSX-MZ-010-06—SSX-MZ-010-08

编号	SSX-MZ-010-06
时代	东汉
原收藏号	0762 B0084
出土地	米脂县官庄
原石尺寸	158×37×9
画面尺寸	155×27
质地	砂岩
原石情况	上、左、右侧面平整，凿有细条纹。
所属墓群	1981 年 M1
组合关系	横楣石，与左、右门柱为墓室前室南壁三石组合。
画面简述	画面分上、下两栏。上栏为卷云鸟兽纹，卷云间有鸟、独角翼龙、三角人面鸟、虎、羽人戏麒麟、雄鹿、朱鸟、一怪兽。下栏为车骑行进图。左一人戴冠着袍，拥袖站立，两人匍匐于地，两人躬身揖礼，面对迎面而来的浩浩荡荡的车骑队列。三辆轺车，两辆辎车在五名导从的陪伴下，朝着恭敬相迎的五人行进。
著录与文献	吴兰、学勇：《陕西米脂县官庄东汉画像石墓》，载《考古》1987 年第 11 期，997-1001 页；李林、康兰英、赵力光：《陕北汉代画像石》，西安：陕西人民出版社，1995 年，图 88。
出土/征集时间	1981 年出土
收藏地	米脂县博物馆
备注	原石现缺左右两端；图中三两轺车，两辆辎车各使用同一模板制作。

SSX-MZ-010-06（局部）

编号	SSX-MZ-010-07
时代	东汉
原收藏号	0076 B0008
出土地	米脂县官庄
原石尺寸	112×70×7
画面尺寸	91×52
质地	砂岩
原石情况	上侧面有铲痕。左、右侧面平整，有斜条纹。
所属墓群	1981 年 M1
组合关系	左门柱，与横楣石、右门柱为墓室前室南壁三石组合。
画面简述	画面分内、外两栏。外栏为鼓形柱础，立柱，斗栱。内栏自上至下分为四格，第一格：凤鸟、瑞草。第二、第三格：辎车。第四格：贯穿形枝叶树干旁立马槽，马槽前一马伫立。树右一人戴冠，身着长袍，手捧一物，面马而立。
著录与文献	吴兰、学勇：《陕西米脂县官庄东汉画像石墓》，载《考古》1987 年第 11 期，997-1001 页；李林、康兰英、赵力光：《陕北汉代画像石》，西安：陕西人民出版社，1995 年，图 89。
出土/征集时间	1981 年出土
收藏地	米脂县博物馆
备注	左、右门柱使用同一模板制作。

编号	SSX-MZ-010-08
时代	东汉
原收藏号	0074 B0006
出土地	米脂县官庄
原石尺寸	113×69×7
画面尺寸	90×52
质地	砂岩
原石情况	上侧面凿痕。左侧面平整，凿斜条纹。右侧面平整，凿细斜条纹。
所属墓群	1981 年 M1
组合关系	右门柱，与横楣石，左门柱为墓室前室南壁三石组合。
画面简述	画面分内、外两栏。外栏为鼓形柱础，立柱，斗栱。内栏自上至下分为四格。第一格：凤鸟、瑞草。第二、第三格：辎车。第四格：贯穿形枝叶树干旁立一马槽，马槽前一马伫立。树右一人戴冠，身着长袍，手捧一物，面马而立。
著录与文献	吴兰、学勇：《陕西米脂县官庄东汉画像石墓》，载《考古》1987 年第 11 期，997-1001 页；李林、康兰英、赵力光：《陕北汉代画像石》，西安：陕西人民出版社，1995 年，图 90；汤池：《中国画像石全集 5：陕西、山西汉画像石》，济南：山东美术出版社，2000 年，图 38。
出土/征集时间	1981 年出土
收藏地	米脂县博物馆

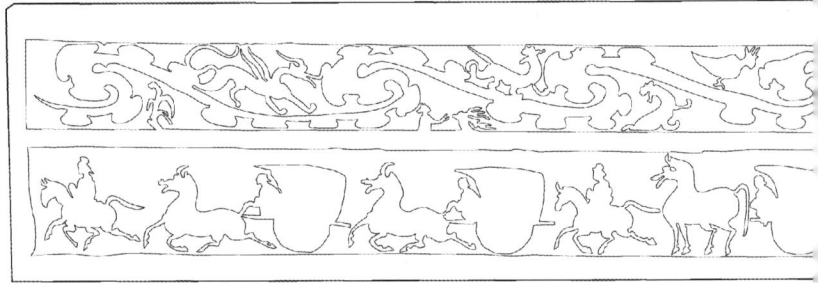

米脂县官庄 1981 年 M1 墓室前室东壁三石组合
SSX-MZ-010-09—SSX-MZ-010-011

编号	SSX-MZ-010-09
时代	东汉
原收藏号	0085 B0017
出土地	米脂县官庄
原石尺寸	241×37×8
画面尺寸	235×28
质地	砂岩
原石情况	
所属墓群	1981 年 M1
组合关系	横楣石，与左、右门柱为墓室前室东壁三石组合。
画面简述	画面分上、下两栏。上栏为卷云鸟兽纹。卷云间填刻独角翼龙、羽人戏鹿、二虎、人面鸟、雄鹿、羽人举瑞草、长颈立鸟、凤鸟。下栏为车马行列图。画面上有六辆轺车、五名骑吏。从左到右前两辆轺车在飞奔，之后的四辆轺车原地伫立。而其间的五名骑吏所乘之马均在奔跑。明显看出是使用模板制作的疏忽而造成的动、静结合的画面。
著录与文献	吴兰、学勇：《陕西米脂县官庄东汉画像石墓》，载《考古》1987 年第 11 期，997—1001 页；李林、康兰英、赵力光：《陕北汉代画像石》，西安：陕西人民出版社，1995 年，图 98；汤池：《中国画像石全集 5：陕西、山西汉画像石》，济南：山东美术出版社，2000 年，图 36。
出土/征集时间	1981 年出土
收藏地	米脂县博物馆

编号	SSX-MZ-010-10
时代	东汉
原收藏号	0764 B0086
出土地	米脂县官庄
原石尺寸	114×69×8
画面尺寸	90×52
质地	砂岩
原石情况	背面平整。上侧面平整，有凿痕。左侧面平整，凿条纹。右侧面凿人字纹。
所属墓群	1981 年 M1
组合关系	左门柱，与横楣石、右门柱为墓室前室东壁三石组合。
画面简述	画面分内、外两栏。外栏为鼓形柱础、立柱、斗栱图。内栏自上而下分为四格。第一格：朱鸟、人面鸟、瑞草和狐。第二格：瑞草和双角翼龙。第三格：铺首、瑞草。第四格：犬、鸡、鹅、马，马后一人戴帻巾，身着长襦大袴，一手持铲，一手拿勾板在清除马粪。
著录与文献	吴兰、学勇：《陕西米脂县官庄东汉画像石墓》，载《考古》1987 年第 11 期，997-1001 页；李林、康兰英、赵力光：《陕北汉代画像石》，西安：陕西人民出版社，1995 年，图 99；汤池：《中国画像石全集 5：陕西、山西汉画像石》，济南：山东美术出版社，2000 年，图 39。
出土/征集时间	1981 年出土
收藏地	米脂县博物馆
备注	左、右门柱使用同一模板制作。

175

202—B42

编号	SSX-MZ-010-11

编号　　　　SSX-MZ-010-11
时代　　　　东汉
原收藏号　　0763 B0085
出土地　　　米脂县官庄
原石尺寸　　110×69×6
画面尺寸　　91×52
质地　　　　砂岩
原石情况　　上、左侧面平整。右侧面平整，凿细条纹。
所属墓群　　1981 年 M1
组合关系　　右门柱，与横楣石、左门柱为墓室前室东壁三石组合。
相关位置　　墓室前室东壁
画面简述　　画面分内、外两栏。外栏为鼓形柱础、立柱、斗栱图。内栏自上而下分为四格。第一格：朱鸟、人面鸟、瑞草和狐蹲。第二格：瑞草和双角翼龙。第三格：铺首、瑞草。第四格：犬、鸡、鹅、马，马后一人戴帻巾，身着长襦大袴，一手持铲，一手拿勾板在清除马粪。
著录文献　　吴兰、学勇：《陕西米脂县官庄东汉画像石墓》，载《考古》1987 年第 11 期，997-1001 页；李林、康兰英、赵力光：《陕北汉代画像石》，西安：陕西人民出版社，1995 年，图 100。
出土/征集时间　1981 年出土
收藏地　　　米脂县博物馆

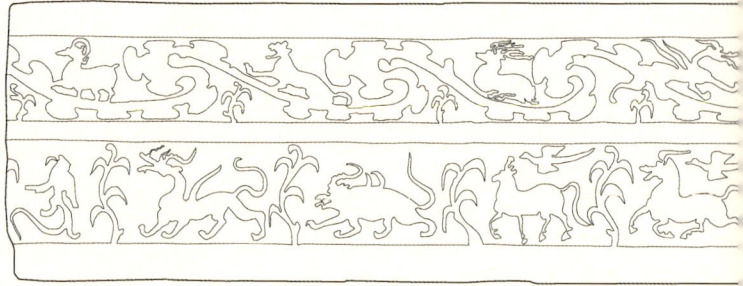

米脂县官庄 1981 年 M1 墓室前室北壁三石组合
SSX-MZ-010-12— SSX-MZ-010-14

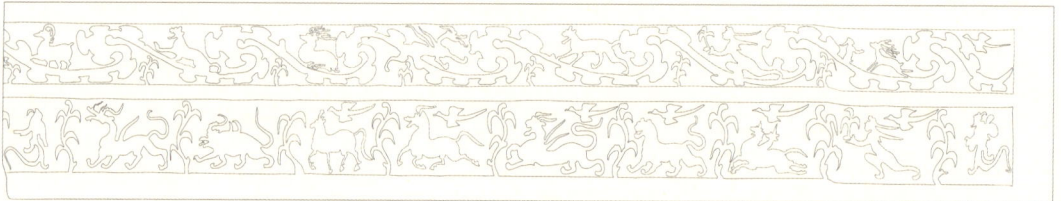

编号	SSX-MZ-010-12
时代	东汉
原收藏号	0761 B0083；0931 B0136
出土地	米脂县官庄
原石尺寸	227×39×8
画面尺寸	214×28
质地	砂岩
原石情况	背面平整。上侧面毛石状。下侧面平整，凿斜条纹。左、右侧面有残痕。
所属墓群	1981 年 M1
组合关系	横楣石，与左、右门柱为墓室前室北壁三石组合。
画面简述	画面分上、下两栏。上栏为卷云鸟兽纹。云气间有盘角羊、虎、雄鹿、翼龙、羽人举瑞草、羽人戏鹿、飞鸟。下栏为瑞草鸟兽图。左一人首人身蛇尾神，发髻于脑后弯曲下垂，手持一长方形物，当为矩。右一人首人身蛇尾神手持圆形物，当为规。图中麒麟、奔马、双角翼龙、虎、双头鹿、羽人举瑞草之间均立瑞草，上空补白飞鸟。
著录与文献	吴兰、学勇：《陕西米脂县官庄东汉画像石墓》，载《考古》1987 年第 11 期，997-1001 页；李林、康兰英、赵力光：《陕北汉代画像石》，西安：陕西人民出版社，1995 年，图 95；汤池：《中国画像石全集 5：陕西、山西汉画像石》，济南：山东美术出版社，2000 年，图 34。
出土/征集时间	1981 年出土
收藏地	米脂县博物馆

SSX-MZ-010-12（局部）

184

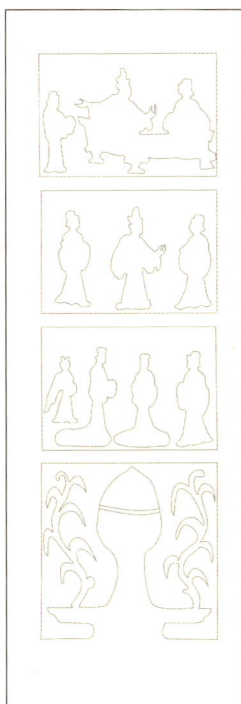

编号	SSX-MZ-010-13
时代	东汉
原收藏号	0087 B0019
出土地	米脂县官庄
原石尺寸	108×38×6
画面尺寸	89×27
质地	砂岩
原石情况	背面平整。上侧面有不均匀的条纹。
所属墓群	1981 年 M1
组合关系	左门柱，与横楣石、右门柱为墓室前室北壁三石组合。
画面简述	画面自上而下分为四格。第一格为对语图。一人头戴通天冠，端坐于榻上，双臂向外摊开，作讲述状。榻上坐的另一人戴冠着长袍，作倾听状。榻下一人戴冠着长袍，袖手捧物侍立。第二格为对语图。中间一人戴通天冠，身着长袍，右臂伸出，侧身向右作讲述状。两边各有一着戴冠着袍者，袖手站立恭听。第三格：左一女子着拖地长裙，袖手站立。身后小孩梳双丫髻，戴披风站立。另一女子着袍面左站立，身后一男子戴冠着长袍，袖手而立。第四格为博山炉，炉盘内两株瑞草。炉身和炉盖间用阴线刻出分界线。
著录与文献	吴兰、学勇：《陕西米脂县官庄东汉画像石墓》，载《考古》1987 年第 11 期，997-1001 页；李林、康兰英、赵力光：《陕北汉代画像石》，西安：陕西人民出版社，1995 年，图 96；汤池：《中国画像石全集 5：陕西、山西汉画像石》，济南：山东美术出版社，2000 年，图 37。
出土/征集时间	1981 年出土
收藏地	米脂县博物馆

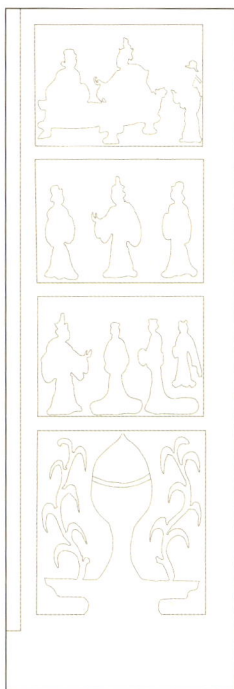

编号	SSX-MZ-010-14
时代	东汉
原收藏号	0086 B0018
出土地	米脂县官庄
原石尺寸	108×38×6
画面尺寸	90×28
质地	砂岩
原石情况	背面平整。上侧面平整,有凿纹。
所属墓群	1981 年 M1
组合关系	右门柱,与横楣石、左门柱为墓室前室北壁三石组合。
画面简述	画面自上而下分为四格。第一格为对语图。一人头戴通天冠,端坐于榻上,双臂向外摊开,作讲述状。榻上坐的另一人戴冠着袍,作倾听状。榻下一人戴冠着长袍,袖手侍立。第二格为对语图。中间一人戴通天冠,身着长袍,右臂伸出,侧身向右作讲述状。两边各有一戴冠着袍者,袖手站立恭听。第三格:一人戴通天冠,身着长袍,侧身向右作讲述状。对面两女子着拖地长裙,袖手站立恭听。身后小孩梳双丫髻,着披风站立。第四格为博山炉,炉盘内两株瑞草,炉身和炉盖间用阴线刻出分界线。
著录与文献	吴兰、学勇:《陕西米脂县官庄东汉画像石墓》,载《考古》1987 年第 11 期,997–1001 页;李林、康兰英、赵力光:《陕北汉代画像石》,西安:陕西人民出版社,1995 年,图 97。
出土/征集时间	1981 年出土
收藏地	米脂县博物馆

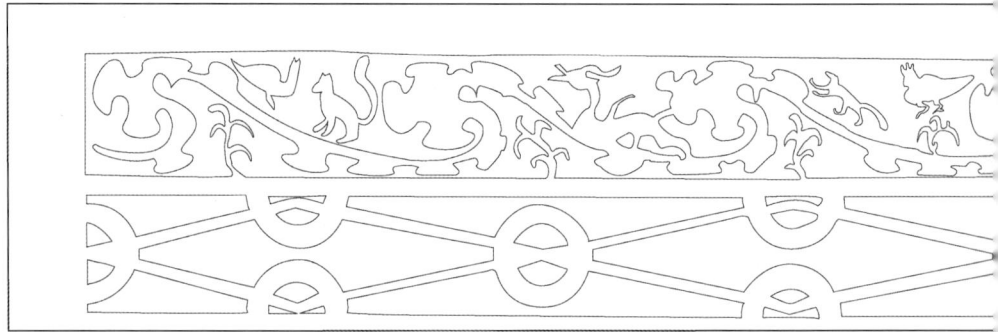

米脂县官庄 1981 年 M1 墓室前室西壁二石组合
SSX-MZ-010-15—SSX-MZ-010-16

SSX-MZ-010-16（局部）

编号	SSX-MZ-010-16
时代	东汉
原收藏号	0007 B0002
出土地	米脂县官庄
原石尺寸	275×109×10
画面尺寸	242×94
质地	砂岩
原石情况	上侧面平整,有斜条纹。毛石状。
所属墓群	1981 年 M1
组合关系	横楣石,与西壁上石为墓室前室西壁二石组合。
画面简述	分左、中、右三栏。左、右栏为鼓形柱础、柱、斗栱。中栏自上而下分为五层。第一、第二层:迎迓图。其中第三层又横向分三格。左、右栏均为斗栱立柱。中栏第一段为躬迎车骑图,左为三男子同作迎宾状。最前面一人戴帻巾着袍,双手捧物跪于地上恭拜。中间一人戴冠着袍,手中捧物,深弯腰躬迎。后面的一人戴帻巾着袍,弯腰低首,拱手迎接。当先的是一辆无顶篷马车(是轺车之误刻还是特殊的车型?),接着是二骑吏、二荷棨戟骑吏、轺车、二荷棨戟骑吏、轺车、荷弓骑吏。第二栏为车马行进图。二辆轺车,三辆辎车鱼贯而行,前后均有骑吏相随。第三栏横向分为三格。左、右两格为乐舞百戏图。两格均有宽大的帷幔下垂,可视为演出大厅。左为盘舞、技击图。图中一人一手执桴,一手持巾,踏盘而舞。其后一人发束后甩,着短襦裤(还是裸体?)踏盘而舞。一人怀抱一物(鼗鼓?)伴舞。右两人分别持钩镶和短刀,技击表演(比赛?)。右格为长袖舞图。两舞伎一人着袿衣,手拿一物举至面前。另一人身着拖地长裙,挥舞长袖,翩翩起舞。左、右均有人观看和礼拜。左一着拖地长裙的妇人站立,一男子戴帻巾着袍,拱手站立。右一男子着袍,手中捧物跪于地上。一妇人着拖地长裙,拱手站立。身后一小孩头扎双髻,着袍站立,似在观看。中格为双层阁楼图。阁楼左、右有重檐阙楼。阁楼与阙楼之间各有一侍者戴冠着袍,拱手面向阁楼而立。阁楼一层的左屋面上一羽人奔走,右一猿猴攀爬。楼内左一男子戴冠着袍,坐于几前,右一妇人头戴胜仗,面向凭几而坐的男子呈施礼状。第四栏为卷云纹。第五栏为射猎图。左一猎手追射奔逃的鹿、狐。中间两猎手围射两虎。一鹿惊回首奔逃,一鸟惊飞。右两株瑞草之间有两犬追逐飞逃奔命的鹿、苍鹰踏兔、一鸟惊飞、一人走马扶鹰。
著录与文献	吴兰、学勇:《陕西米脂县官庄东汉画像石墓》,载《考古》1987年第11期,997-1001 页;李林、康兰英、赵力光:《陕北汉代画像石》,西安:陕西人民出版社,1995 年,图94;汤池:《中国画像石全集5:陕西、山西汉画像石》,济南:山东美术出版社,2000 年,图 35。
出土/征集时间	1981 年出土
收藏地	米脂县博物馆

编　号	SSX-MZ-010-15
时　代	东汉
原收藏号	0770 B0092
出土地	米脂县官庄
原石尺寸	249×39×7
画面尺寸	234×34
质　地	砂岩
原石情况	左、右侧面平整，有细条纹。
所属墓群	1981 年 M1
组合关系	横楣石，与西壁下石为墓室前室西壁二石组合。
画面简述	画面分上、下两栏。上栏为卷云鸟兽纹，云气间有狐，独角翼龙，人面鸟，羽人，猿，鸟，虎，鹿。下栏为绶带穿璧纹。
著录与文献	吴兰、学勇：《陕西米脂县官庄东汉画像石墓》，载《考古》1987 年第 11 期，997-1001 页，图 93；汤池：《中国画像石全集 5：陕西、山西汉画像石》，济南：山东美术出版社，2000 年，图 35。吴兰、康兰英、赵力光：《陕北汉代画像石》，西安：陕西人民出版社，1995 年，图 93。
出土/征集时间	1981 年出土
收藏地	米脂县博物馆

米脂县官庄墓门面五石组合
SSX-MZ-011-01—SSX-MZ-011-05

编号　　　SSX-MZ-011-01

时代　　　东汉

原收藏号　0080 B0012

出土地　　米脂县官庄

原石尺寸　189×40×7

画面尺寸　146×31

质地　　　砂岩

原石情况　上侧面粗斜条纹。左、右侧面毛石状。

所属墓群

组合关系　门楣石，与左、右门柱、左、右门扉为墓门面五石组合。

画面简述　画面分内、外两栏。外栏为卷云纹。左、右两端各阴刻一圆形，象征日、月。内栏为车马行进图。三辆轺车前后有骑吏相随。图中的骑吏、轺车显为同一模板制作。

著录与文献　李林、康兰英、赵力光：《陕北汉代画像石》，西安：陕西人民出版社，1995年，图103；汤池：《中国画像石全集5：陕西、山西汉画像石》，济南：山东美术出版社，2000年，图55。

出土/征集时间　1981年征集

收藏地　　米脂县博物馆

编号	SSX-MZ-011-02
时代	东汉
原收藏号	0077 B0009
出土地	米脂县官庄
原石尺寸	108×37×7
画面尺寸	83×26
质地	砂岩
原石情况	背面较平整。上侧面有凿痕。
所属墓群	
组合关系	左门柱,与门楣石,右门柱,左、右门扉为墓门面五石组合。
画面简述	画面分为上、下两格,上格分内、外两栏。外栏为卷云纹。内栏分上、下两格。上格为仙人(西王母?)端坐于神树之上,左、右有玉兔,羽人跪侍。树干间有狐、鹿、长尾飞鸟。下格一门卒戴帻巾,着长襦大袴,拥彗面门而立。底格为玄武。
著录与文献	李林、康兰英、赵力光:《陕北汉代画像石》,西安:陕西人民出版社,1995年,图104;汤池:《中国画像石全集5:陕西、山西汉画像石》,济南:山东美术出版社,2000年,图54。
出土/征集时间	1981年征集
收藏地	米脂县博物馆
备注	左、右门柱除门吏所执彗与棨戟的变化之外,其余图像使用同一模板制作。

编号	SSX-MZ-011-03
时代	东汉
原收藏号	0075 B0007
出土地	米脂县官庄
原石尺寸	107×34×7
画面尺寸	85×26
质地	砂岩
原石情况	背面欠平整。上侧面凿斜条纹。
所属墓群	
组合关系	右门柱，与门楣石，左门柱，左、右门扉为墓门面五石组合。
画面简述	画面分为上、下两格，上格分内、外两栏。外栏为卷云纹(忍冬纹?)。内栏分上、下两格。上格为仙人(西王母?)端坐于神树之上，左、右有玉兔，羽人跪侍。树干间有狐、倒照鹿、长尾飞鸟。下格一门卒戴帻巾，着长襦大袴，持棨戟面门而立。底格为玄武。
著录与文献	李林、康兰英、赵力光:《陕北汉代画像石》，西安:陕西人民出版社，1995年，图107；汤池:《中国画像石全集5：陕西、山西汉画像石》，济南：山东美术出版社，2000年，图53。
出土/征集时间	1981年征集
收藏地	米脂县博物馆

编号	SSX-MZ-011-04
时代	东汉
原收藏号	0082 B0014
出土地	米脂县官庄
原石尺寸	104×45×5
画面尺寸	75×28
质地	砂岩
原石情况	
所属墓群	
组合关系	左门扉，与门楣石，左、右门柱，右门扉为墓门面五石组合。
画面简述	朱雀、穿环铺首。
著录与文献	李林、康兰英、赵力光：《陕北汉代画像石》，西安：陕西人民出版社，1995年，图105；汤池：《中国画像石全集5：陕西、山西汉画像石》，济南：山东美术出版社，2000年，图52。
出土/征集时间	1981年征集
收藏地	米脂县博物馆

编号	SSX-MZ-011-05
时代	东汉
原收藏号	0082 B0014
出土地	米脂县官庄
原石尺寸	104×45×4
画面尺寸	74×31
质地	砂岩
原石情况	
所属墓群	
组合关系	右门扉，与门楣石，左、右门柱，左门扉为墓门面五石组合。
画面简述	朱雀、铺首衔环。
著录与文献	李林、康兰英、赵力光：《陕北汉代画像石》，西安：陕西人民出版社，1995年，图106；汤池：《中国画像石全集5：陕西、山西汉画像石》，济南：山东美术出版社，2000年，图51。
出土/征集时间	1981年征集
收藏地	米脂县博物馆

编号	SSX-MZ-012-01
时代	东汉
原收藏号	0006 B0001
出土地	米脂县官庄
原石尺寸	103×90×4
画面尺寸	100×81
质地	砂岩
原石情况	上、左、右侧面平整。
所属墓群	
组合关系	左门柱，与右门柱为墓室某壁组合。
画面简述	画面分为左、中、右三栏。左、右两栏为卷云纹。中栏为雄鹿图。画面以卷云鸟兽纹为背景，突出一站立的雄鹿。鹿角上站立一小鸟，鹿腿上的皮毛、雄鹿的性征、踢脚上的分瓣结节、鹿角都做了细致的刻画。背景卷云鸟兽纹中，一羽人两手各执瑞草，飞腾在卷云中。一株瑞草植根于底部，叶片左右排布。一虎回首，一怪兽爬行。立鸟、飞鸟穿插于卷云图中。
著录与文献	李林、康兰英、赵力光：《陕北汉代画像石》，西安：陕西人民出版社，1995 年，图151；汤池：《中国画像石全集5：陕西、山西汉画像石》，济南：山东美术出版社，2000 年，图58。
出土/征集时间	1981 年征集
收藏地	米脂县博物馆

编号	SSX-MZ-012-02
时代	东汉
原收藏号	0092 B0024
出土地	米脂县官庄
原石尺寸	126×91×6
画面尺寸	98×82
质地	砂岩
原石情况	上侧面平整。左、右侧面平整，有凿痕。
所属墓群	
组合关系	右门柱，与左门柱为墓室某壁组合。
画面简述	画面分为左、中、右三栏。左、右两栏为卷云纹。画面以卷云鸟兽纹为背景，突出一迈腿行走的公羊。羊的性征、踢脚上的分瓣结节、羊角都做了细致的刻画。背景卷云鸟兽纹中，一狐行走，一朱鸟站立。
著录与文献	李林、康兰英、赵力光：《陕北汉代画像石》，西安：陕西人民出版社，1995 年，图 152；汤池：《中国画像石全集 5：陕西、山西汉画像石》，济南：山东美术出版社，2000 年，图 57。
出土/征集时间	1981 年征集
收藏地	米脂县博物馆

编号	SSX-MZ-012-03
时代	东汉
原收藏号	0083 B0015
出土地	米脂县官庄
原石尺寸	104×36×7
画面尺寸	101×28
质地	砂岩
原石情况	左、右侧面平整,凿条纹。
所属墓群	
组合关系	左门柱,与右门柱为墓室某壁组合。
画面简述	画面分内、外两栏。外栏为卷云纹。内栏分上、下两层。上层为西王母头戴胜仗,臂背生翼,着袍端坐神树之上。头上有华盖,华盖右侧垂吊一物(铃铛?装饰物?),左边一羽人站立侍奉。树干间有狐、飞鸟、立鸟、熊。下层缭绕的云气纹为背景,中间为一博山炉状器物,凤鸟立于盖顶。
著录与文献	李林、康兰英、赵力光:《陕北汉代画像石》,西安:陕西人民出版社,1995年,图126;汤池:《中国画像石全集5:陕西、山西汉画像石》,济南:山东美术出版社,2000年,图65。
出土/征集时间	1981年征集
收藏地	米脂县博物馆

编号	SSX-MZ-012-04
时代	东汉
原收藏号	0150 B0039
出土地	米脂县官庄
原石尺寸	105×37×8
画面尺寸	101×29
质地	砂岩
原石情况	左、右侧面平整，凿细条纹。
所属墓群	
组合关系	右门柱，与左门柱为墓室某壁组合。
画面简述	画面分内、外两栏。外栏为卷云纹。内栏分上、下两格。上格为东王公头戴王冠，臂背生翼，着袍端坐神树之上。头顶有华盖，华盖右侧垂吊一物（铃铛？装饰物？），背后一羽人持瑞草站立侍奉。树干间有狐、飞鸟、立鸟、鹿。下格缭绕的云气纹为背景，中间为一博山炉状器物，凤鸟立于盖顶上。
著录与文献	李林、康兰英、赵力光：《陕北汉代画像石》，西安：陕西人民出版社，1995 年，图 127；汤池：《中国画像石全集 5：陕西、山西汉画像石》，济南：山东美术出版社，2000 年，图 64。
出土/征集时间	1981 年征集
收藏地	米脂县博物馆

编号	SSX-MZ-012-05
时代	东汉
原收藏号	0095 B0027
出土地	米脂县官庄
原石尺寸	107×36×6
画面尺寸	104×28
质地	砂岩
原石情况	背面平整。上侧面平整，凿斜条纹。右侧面平整，有人字纹。
所属墓群	
组合关系	左门柱，与右门柱为墓室某壁组合。
画面简述	画面分内、外两栏。外栏为卷云纹。内栏分上、下两格。上格为西王母戴胜仗，臂背生翼，着袍端坐仙山神树之上。头顶有华盖，华盖右侧垂吊一物（铃铛？装饰物？），左有玉兔跪于地，一手持锤，一手按钵捣药。树干间有狐和飞鸟群。下格缭绕的云气纹为背景，中间为一博山炉状器物，朱雀立于盖顶上。
著录与文献	李林、康兰英、赵力光：《陕北汉代画像石》，西安：陕西人民出版社，1995年，图128；汤池：《中国画像石全集5：陕西、山西汉画像石》，济南：山东美术出版社，2000年，图67。
出土/征集时间	1981年征集
收藏地	米脂县博物馆

编号	SSX-MZ-012-06
时代	东汉
原收藏号	0097 B0029
出土地	米脂县官庄
原石尺寸	108×37×6
画面尺寸	104×28
质地	砂岩
原石情况	背面平整。上侧面有粗斜条纹。
所属墓群	
组合关系	右门柱，与左门柱为墓室某壁组合。
画面简述	画面分内、外两栏。外栏为卷云纹。内栏分上、下两格。上格为东王公头戴王冠，臂背生翼，着袍端坐仙山神树之上。头上有华盖，华盖右侧垂吊一物（铃铛？装饰物？），右有羽人一手执华盖吊饰，一手拿一物向东王公敬献。树干间有鹿、飞鸟、立鸟。下格缭绕的云气纹为背景，中间为一博山炉，朱雀立于炉盖顶上。
著录与文献	李林、康兰英、赵力光：《陕北汉代画像石》，西安：陕西人民出版社，1995年，图129；汤池：《中国画像石全集5：陕西、山西汉画像石》，济南：山东美术出版社，2000年，图66。
出土/征集时间	1981年征集
收藏地	米脂县博物馆

编号	SSX-MZ-012-07
时代	东汉
原收藏号	0759 B0081
出土地	米脂县官庄
原石尺寸	125×26×8
画面尺寸	101×21
质地	砂岩
原石情况	上、左、右侧面平整，有条纹。
所属墓群	
组合关系	左门柱，与右门柱为墓室某壁组合。
画面简述	画面分内、外两栏。外栏为卷云鸟兽纹。云气纹中从上至下有飞鸟、立鸟、奔兽。内栏分上、下两格，均有云气纹缭绕。上格上方为一正面怪兽头，头顶毛发端竖，颌下胡须蓬张。格下部云气间有一株仙草，植根于底部仙山上，仙草开一花，花蕊四绽。头顶两人对面相揖。下格云气缭绕，云气中一兽回首，似鹿。一羚羊站立，一鹿首从边框伸出。
著录与文献	李林、康兰英、赵力光：《陕北汉代画像石》，西安：陕西人民出版社，1995年，图157；汤池：《中国画像石全集5：陕西、山西汉画像石》，济南：山东美术出版社，2000年，图61。
出土/征集时间	1981年征集
收藏地	米脂县博物馆

编号	SSX-MZ-012-08
时代	东汉
原收藏号	0752 B0074
出土地	米脂县官庄
原石尺寸	109×27×8
画面尺寸	103×21
质地	砂岩
原石情况	背面平整。上侧面平整。左侧面平整，有凿纹。右侧面平整。
所属墓群	
组合关系	右门柱，与左门柱为墓室某壁组合。
画面简述	画面分内、外两栏。外栏为卷云灵鸟纹。云气纹中从上至下有飞鸟、立鸟。内栏分上、下两格，均有云气纹缭绕。上格上方为一正面怪兽头，头顶生双角弯曲朝上，颔下胡须蓬张。格下部云气间有一株仙草，植根于底部仙山上，仙草开一花，花蕊四绽。下格云气缭绕，云气中一朱雀、一独角怪兽站立，一雄鹿首从边框伸出。
著录与文献	李林、康兰英、赵力光：《陕北汉代画像石》，西安：陕西人民出版社，1995年，图159；汤池：《中国画像石全集5：陕西、山西汉画像石》，济南：山东美术出版社，2000年，图59。
出土/征集时间	1981年征集
收藏地	米脂县博物馆

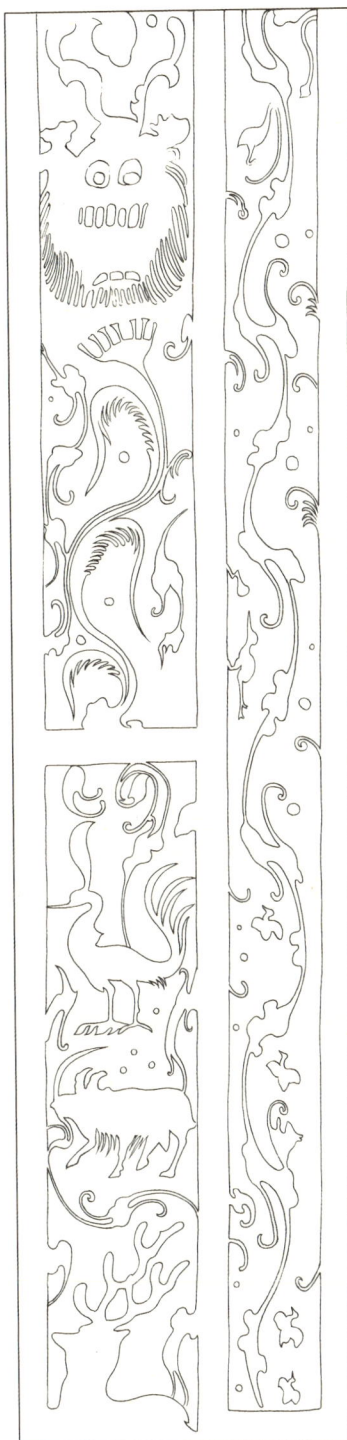

编号	SSX-MZ-012-09
时代	东汉
原收藏号	0760 B0082
出土地	米脂县官庄
原石尺寸	126×26×8
画面尺寸	103×21
质地	砂岩
原石情况	上、左、右侧面平整，有凿痕。
所属墓群	
组合关系	左门柱，与门楣石，右门柱，左、右门扉为墓门面五石组合。
画面简述	画面分内、外两栏。外栏为卷云纹。内栏分上、下两格，均有云气纹缭绕。上格上方为一正面怪兽头，双目、口腔阴刻。云气中有鸟站立。格下部云气间有一株仙草，植根于底部仙山上，仙草开一花，花蕊四绽。下格，云气中一羊站立，一鹿首从边框伸出。
著录与文献	李林、康兰英、赵力光：《陕北汉代画像石》，西安：陕西人民出版社，1995年，图158；汤池：《中国画像石全集5：陕西、山西汉画像石》，济南：山东美术出版社，2000年，图60。
出土/征集时间	1981年征集
收藏地	米脂县博物馆

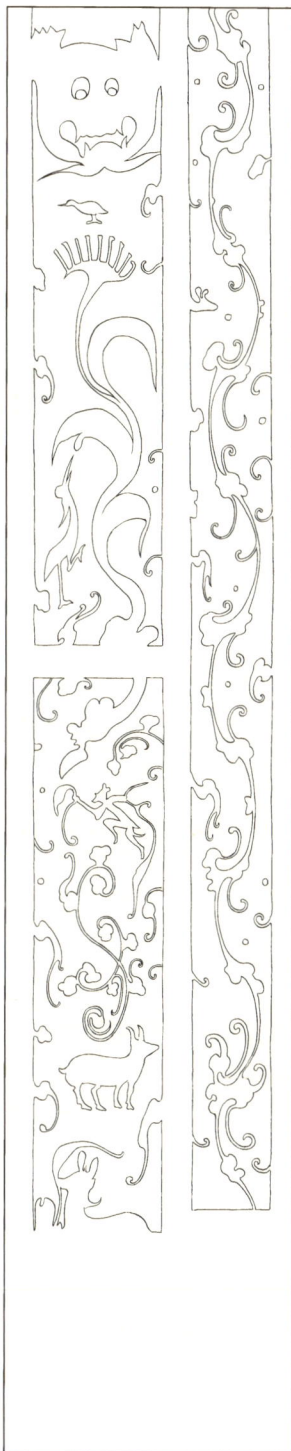

编号	SSX-MZ-013-01
时代	东汉
原收藏号	0928 B0134
出土地	米脂县官庄
原石尺寸	90×40×11
画面尺寸	83×30
质地	砂岩
原石情况	
所属墓群	
组合关系	左门柱，与门楣石，右门柱，左、右门扉为墓门面五石组合。
画面简述	画面分内、外两栏。外栏为卷云鸟兽纹。卷云纹间有二飞鸟、鹿，一虎在前，一猛兽衔其尾，猛兽的长尾又由一垂发羽人拽着，长发仙人饲鹿、三足鸟、仙兔捣药、狐、麒麟、鹿形兽、长尾飞鸟，似为横版竖刻。内栏纵向分四格，上起第一格右上角残损，从残余部分可辨出为一神树，树干间有鹿、狐和飞鸟；第二格为一门吏，戴平巾帻，着长襦大袴，拥彗面门而立；第三格为立马；第四格为卧犬。
著录与文献	李林、康兰英、赵力光：《陕北汉代画像石》，西安：陕西人民出版社，1995 年，图 138。
出土/征集时间	1981 年征集
收藏地	米脂县博物馆

编号	SSX-MZ-013-02
时代	东汉
原收藏号	0880 B0119
出土地	米脂县官庄
原石尺寸	91×40×10
画面尺寸	85×30
质地	砂岩
原石情况	背面不平整，有凹坑。上侧面有凿纹。下、左、右侧面凿斜条纹。
所属墓群	
组合关系	右门柱，与门楣石，左门柱，左、右门扉为墓门面五石组合。
画面简述	画面分内、外两栏。外栏为卷云鸟兽纹。卷云纹间有二飞鸟、鹿，一虎在前，一猛兽衔其尾，猛兽的长尾又由一垂发羽人拽着、长发仙人饲鹿、三足鸟、仙兔捣药、狐、麒麟、鹿形兽、长尾飞鸟。似为横版竖刻，与SSX-MZ-013-01用同顺方向模板，所以是以中格线为底线。内栏纵向分四格，上起第一格右上角残损，从残余部分可辨出为一神树，树干间有鹿、狐和飞鸟；第二格为一门吏，戴平巾帻，着长襦大袴，拥彗面门而立；第三格为立马；第四格为卧犬。
著录与文献	李林、康兰英、赵力光：《陕北汉代画像石》，西安：陕西人民出版社，1995年，图139。
出土/征集时间	1981年征集
收藏地	米脂县博物馆
备注	左、右门柱图像显为同一模板制作。

编号	SSX-MZ-014-01
时代	东汉
原收藏号	0151 B0040
出土地	米脂县官庄
原石尺寸	108×41×6
画面尺寸	100×29
质地	砂岩
原石情况	背面平整。上侧面有凿痕。
所属墓群	
组合关系	左门柱，与门楣石，右门柱，左、右门扉为墓门面五石组合。
画面简述	画面分上、中、下三格。上格分内外二栏。外栏为卷云鸟兽纹，其间有朱鸟、羽人按一虎头、三角鹿形兽、熊。内栏为神树上东王公（或西王母）端坐，左、右有玉兔和羽人侍奉。树干间有狐、鹿、长尾飞鸟。下为一门吏戴帻，身着长襦大袴，双手拥彗，面门而立。中格为玄武。下格为一辆轺车，车前一人捧棒状物站立。
著录与文献	李林、康兰英、赵力光：《陕北汉代画像石》，西安：陕西人民出版社，1995 年，图 144。
出土/征集时间	1981 年征集
收藏地	米脂县博物馆

编号	SSX-MZ-014-02
时代	东汉
原收藏号	0940 B0145
出土地	米脂县官庄
原石尺寸	(75-88)×40×7
画面尺寸	58×29
质地	砂岩
原石情况	背面平整。上侧面有残痕。下、右侧面呈毛石状。左侧面平整，凿不规则斜条纹。
所属墓群	
组合关系	右门柱，与门楣石，左门柱，左、右门扉为墓门面五石组合。
画面简述	画面分上、下两格。上格分内、外两栏。外栏为卷云鸟兽纹，其间有：有翼鹿形兽、鹿、羽人按一虎头、三角兽、熊。内栏为神树上东王公（或西王母）端坐，左右有玉兔和羽人侍奉。树干间有狐、鹿、长尾飞鸟。下为一门卒戴帻，身着长襦大袴，双手持棨戟面门而立。中格为玄武。下格为一辆轺车，车前一人捧棒状器站立。
著录与文献	未发表
出土/征集时间	1981 年征集
收藏地	米脂县博物馆

编号	SSX-MZ-015
时代	东汉
原收藏号	0090 B0022
出土地	米脂县官庄
原石尺寸	323×31×7
画面尺寸	290×26
质地	砂岩
原石情况	上侧面平整，有凿点纹。左、右侧面有凿痕。
所属墓群	
组合关系	横楣石
画面简述	画面只有较窄的素面边框。刻画牛君围猎图。画面正中头戴平顶冠、端坐马上、手执弓箭者应是这支庞大狩猎队伍的主帅牛君，上方有榜题"牛君"二字。左一人于马上以戟刺一兽，此兽体形巨大，短尾，似熊。下方一人于马上射二狐，一狐已中箭，一狐奔逃。二骑马者一手执短刀状物，另一手执物不明。他们上方一骑马者以罩网鸟，三只长尾飞鸟和一只小鹿惊逃。随后有一人骑马荷旌，杆的顶部呈球状鼓起，长带飘扬。他的身后一人于奔马上射鸟，二鸟惊飞，一人于马上回身射长尾飞鸟，一猎手于马上回身射鹿，鹿背中箭，鹿上方有一持弓骑吏，他的身后一猎手也在射鹿。戴冠荷弓的牛君之后，两猎手分别从前后追射鹿。一人荷旌奔驰。一猎手骑在马背上持戟刺虎，虎前爪抓住棨戟干挣扎。一人于马上射熊，熊被吓得木然呆立。两猎手追射雄鹿和一小鹿。
著录与文献	李林、康兰英、赵力光：《陕北汉代画像石》，西安：陕西人民出版社，1995年，图119；汤池：《中国画像石全集5：陕西、山西汉画像石》，济南：山东美术出版社，2000年，图40。
出土/征集时间	1981年征集
收藏地	米脂县博物馆

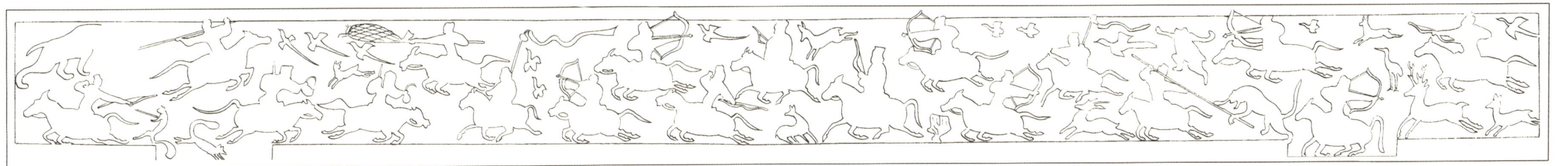

SSX-MZ-015（局部）

编号	SSX-MZ-016
时代	东汉
原收藏号	0093 B0025
出土地	米脂县官庄
原石尺寸	112×34×12
画面尺寸	106×10
质地	砂岩
原石情况	背面平整。上侧面有不规则凿痕。左、右侧面平整，凿人字形纹。
所属墓群	
组合关系	中柱石，与横楣石，左、右门柱为四石组合。
画面简述	隶体阴刻铭"永和四年九月十日癸酉河内山陽尉西河平周壽貴里牛季平造作千萬歲室宅"三十二个字。
著录与文献	李林、康兰英、赵力光:《陕北汉代画像石》，西安:陕西人民出版社，1995 年，图 160。
出土/征集时间	1981 年征集
收藏地	米脂县博物馆

永和四年九月十日癸酉河内山阳尉西河平周寿贵里牛季平造化千万岁室宅

永和四年九月十日癸酉河内山阳尉西河平周寿贵里牛季平造化千万岁室宅

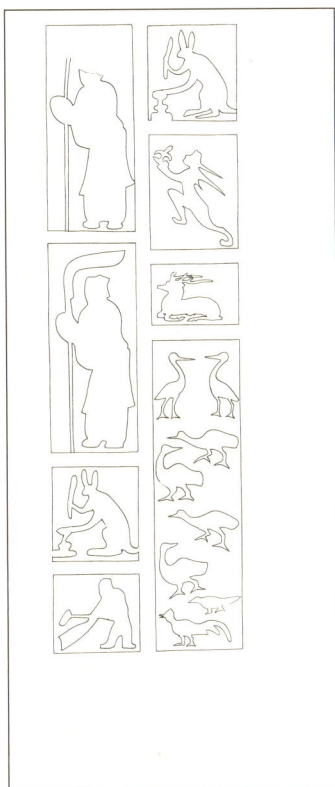

编号	SSX-MZ-017
时代	东汉
原收藏号	0099 B0031
出土地	米脂县官庄
原石尺寸	119×51×6
画面尺寸	93×29
质地	砂岩
原石情况	背面欠平整。上侧面欠平整，凿斜条纹。右侧面平整，凿细条纹。
所属墓群	
组合关系	
画面简述	画面分内、外两栏。内栏自上至下第一、第二格：拥彗门吏，戴帻，着长襦大袴，面左立。第三格：玉兔捣药。第四格：一人带帻巾，着长襦大袴，一手拿铲，一手执勾板，清除垃圾。外栏从上至下分四格。第一格：玉兔捣药。第二格：羽人献瑞草。第三格：雄鹿卧伏。第四格：家禽图。有二长颈鸟相对，一鸭伸颈前趋、二鸭回首、雌雄双鸡婷立。
著录与文献	李林、康兰英、赵力光：《陕北汉代画像石》，西安：陕西人民出版社，1995年，图150。
出土/征集时间	1981年征集
收藏地	米脂县博物馆